U0137821

欧诺弥亚译丛

不列颠古典法学丛编

EUNOMIA

《利维坦》的修辞

霍布斯与文化转型的政治学

The Rhetoric of *Leviathan* :

Thomas Hobbes and the Politics of Cultural Transformation

[加]戴维·约翰斯顿（David Johnston） 著

李 钊 译

华东师范大学出版社

·上海·

欧诺弥亚译丛·总序

　　近十余年来,汉语学界政治法律哲学蔚然成风,学人开始崇尚对政治法律生活的理性思辨,以探究其内在机理与现实可能。迄今为止,著译繁多,意见与思想纷呈,学术积累逐渐呈现初步气象。然而,无论在政治学抑或法学研究界,崇尚实用实证,喜好技术建设之风气亦悄然流传,并有大占上风之势。

　　本译丛之发起,旨在为突破此等侧重技术与实用学问取向的重围贡献绵薄力量。本译丛发起者皆为立志探究政法之理的青年学人,我们认为当下的政法建设,关键处仍在于塑造根本原则之共识。若无此共识,则实用技术之构想便似空中楼阁。此处所谓根本原则,乃现代政法之道理。

　　现代政法之道理源于对现代人与社会之深入认识,而不单限于制度之塑造、技术之完美。现代政法世界之塑造,仍需重视现代人性之涵养、政道原则之普及。若要探究现代政法之道,勾画现代人性之轮廓,需依傍塑造现代政法思想之巨擘,阅读现代政法之经典。只有认真体察领悟这些经典,才能知晓现代政法原则之源流,了悟现代政法建设之内在机理。

　　欧诺弥亚(Εὐνομία)一词,系古希腊政治家梭伦用于描述理想政制的代名词,其着眼于整体福祉,而非个体利益。本译丛取其古意中关切整体命运之意，彰显发起者们探究良好秩序、美好生活之要旨。我们认为，对现代政治法律道理的探究，仍然不可放弃关照整体秩序，在整体秩序之下看待个体的命运，将个体命运同整体之存续勾连起来，是现代政法道理之要害。本译丛对现代政治法律之道保持乐观心态，但同样尊重对古典政法之道的探究。我们愿意怀抱对古典政法之道的崇敬，来沉思现代政法之理，展示与探究现代政法之理的过去与未来。

　　本译丛计划系统迻译、引介西方理性时代以降求索政法道理的经典作家、作品。考虑到目前已有不少经典作家之著述迻译为中文，我们在选题方面以解读类著作为主，辅以部分尚未译为中文的经典文本。如此设计的用意在于，我们希望借此倡导一种系统、细致解读经典政法思想之风气，反对仅停留在只言片语引用的层面，以期在当下政治法律论辩中，为健康之政法思想奠定良好基础。

　　译丛不受过于专门的政法学问所缚，无论历史、文学与哲学，抑或经济、地理及至其他，只要能为思考现代政法之道理提供启示的、能为思考现代人与现代社会命运有所启发的，皆可纳入选目。

　　本译丛诚挚邀请一切有志青年同我们一道沉思与实践。

欧诺弥亚译丛编委会

二零一八年元月

目　录

前　言

　　本书源自这样的观察：在方法和内容上，霍布斯的《利维坦》在很大程度上属于 16 世纪盛行的思维方式，正如我们也经常将此书与霍布斯的名字和 17 世纪以来的科学观联系在一起。多年来，解释者一直想把霍布斯刻画成自由主义的先驱和新兴资产阶级的代言人。从这种前瞻性的视角可以学到很多东西，但不幸的是，它在霍布斯研究领域的主导地位对读者们的认知产生了负面影响，导致霍布斯思想中一些重要的因素变得模糊不清了。本书的目的是恢复人们对文艺复兴时期人文主义与雄辩术传统中霍布斯思想起源的认识。我想展示这些因素如何塑造他在《利维坦》中的论证，以矫正这种扭曲。这个目的引导我强调霍布斯在这本著作中想做的事，以及（在狭义上）想说的话。霍布斯以及文艺复兴时期的前辈们普遍认为，演说和写作其实都是行动。当政治哲学成为学术研究的对象，被现代哲学中的静态趋势同化时，这种观念经常被人遗忘了。我希望阐明这一点，让亮光投射到《利维坦》这个尚未得到人们应有理解的面向上。

　　这项研究的起源可以追溯到谢尔登·沃林主持的一次研讨会，我有幸参会并阐明观点，反对昆汀·斯金纳对霍布斯的解释。我从斯金纳教授的回应中受益良多。尽管"思想行为"和"言说行动"各自的政治理论观念有着非常不同的哲学起源,但这些概念都有助于我的思考。在某种程度上,这本书正是试图检验这些概念是否适用于霍布斯,以传递这些古典观念。

在沃林教授与丹尼斯·汤普森教授的指导下,我最终完成了本书的初稿。没有他们的启发、建议、批评和鼓励,这项工作不可能完成。我非常感谢戴维·梅休和弗兰克·特纳,过去几年,他们给了我不可估量的支持,我还要感谢兹比格涅夫·佩尔琴斯基,他一直鼓励我,热情款待我。特伦斯·鲍尔、大卫·高蒂尔、约瑟夫·汉布格尔、查尔斯·林德、詹姆斯·斯科特·布洛姆、伊恩·夏皮罗和罗杰斯·史密斯都读过本书初稿,非常感谢他们提的建议,促使我在最终版中作了改进。特别感谢韦尔斯利学院现任院长南内尔·奥·基欧汉和大卫·史密斯,他们激发了我对政治哲学的兴趣。

我要感谢美国学术团体理事会和耶鲁大学的财政支持,使我能够撰写这本书。我的一些早期研究得到了耶鲁大学惠特尼葛基金的资助。本书初稿是 1984 年春天在牛津大学社会研究中心愉快而有益的气氛中写成的。我也感谢彭布罗克学院在此期间让我成为临时成员。从最初阅读手稿到最后成书的整个过程中,普林斯顿大学出版社的桑福德·撒切尔一直非常支持我,给予我帮助。最后还要感谢露丝·穆埃西希和罗伯塔·杜隆,他们已经不辞辛劳地帮我输入了两本书稿。

纽黑文,康涅狄格
1985 年 12 月

关于注释的说明

　　本书引用的霍布斯著作，标题以下列方式缩写。著作以节或段落编号的，按照编号来引用。例如，《法律要义》Ⅰ.1.1 是《法律要义：自然和政治》第一部分第一章第一节。没有如此划分的作品，引用的是下面列出的版本，按照章节和页码引用。对于《利维坦》，本书［英文版］引用的是麦克弗森版本的页码和 1651 年原版页码［译按：本书将原版页码对应替换为商务印书馆中译本页码，中译本的页码在括号里］。例如《利维坦》第 11 章第 167—168 页（78）指麦克弗森版第 167—168 页和商务印书馆中译本第 78 页。除非另有说明，强调处均为原文所有。

《答问》　　"The Answer of Mr. Hobbes to Sir Will. D'Avenant's Preface before Gondibert," in *Sir William D'Avenant's Gondibert*, David F. Gladish, ed. (Oxford: Clarendon Press, 1971).

《驳斥怀特》*Thomas White's De Mundo Examined*, Harold Whitmore Jones, trans. (London: Bradford University Press, 1976).

《比希莫特》*Behemoth*; *or*, *The Long Parliament*, 2nd ed., Ferdinand

Tönnies，ed.（London：Frank Cass and Co.，1969）.

《沉思集》 *Considerations upon the Reputation，Loyalty，Manners，and Religion of Thomas Hobbes*，in *EW* 4.

《论公民》 *De Cive*，The English Version，vol. 3 of *Philosophical Works of Thomas Hobbes*，Howard Warrender，ed.（Oxford：Clarendon Press，1983）.

《论物体》 *Elements of Philosophy Concerning Body*，in *EW* 1.

《论人》　 *De Homine*，as translated in *Man and Citizen*，Bernard Gert，ed.（Garden City，New York'，Doubleday，1972）.

《法律要义》*The Elements of Law*，*Natural and Politic*，2nd ed，Ferdinand Tönnies，ed.（London：Frank Cass and Co.，1969）.

《马尔斯伯里的托马斯·霍布斯英文著作集》*The English Works of Thomas Hobbes of Malmesbury*，11 vols.，Sir William Molesworth，ed.（London：John Bohn，1839—1845）.

《利维坦》 *Leviathan；or，The Matter，Forme，and Power of a Commonwealth，Ecclesiasticall and Civill*，C. B. Macpherson，ed.（Harmondsworth，Middlesex：Penguin，1968）.

　　　　　《利维坦》,黎思复,黎廷弼,译,北京:商务印书馆,2017年版。

《修昔底德》Hobbes's translation of Thucydides' *History of the Peloponnesian war*，in *EW* 8.

导　论

　　1651年《利维坦》初版面世，立刻就被视为卓越非凡的著作。无论霍布斯的读者们怎么看待这本书，他们都认为《利维坦》呈现了一种包罗万象的世界愿景。这本书视角独特，汇聚形而上学、神学与政治理论，核心是机械唯物主义，即宇宙不过是由运动的物质构成。对当时大多数读者而言，这种唯物主义足以证实霍布斯是一个无神论者。他的政治理论看上去同样是从唯物主义与无神论自然发展而来。对他的批评者而言，霍布斯怀疑人类本性良善，似乎是因为他不信仰一位仁慈的上帝。仰慕霍布斯的人则以更为宽容的措辞，解释他形而上学和政治学之间的联系。但批评者和仰慕者都相信，《利维坦》中的政治理论与这本书里的形而上学和神学观点密切相关。

　　在霍布斯去世后的两个世纪里，他的教导逐渐被人们接受，但"他的哲学是一个统一体"这种观念却逐渐失落了。霍布斯的神学逐渐被视为历史的怪胎。他的形而上学尽管与启蒙时代盛行的哲学唯物主义不那么矛盾，但还是被牛顿的宇宙论所取代。与此同时，霍布斯的政治学说似乎依旧风靡。尽管对这种学说的细节，人们众说纷纭，但其仍被视为现代主流的政治思想，这种理论在19世纪英格兰法律实证化的运动中获得了正统地位。当人们把霍布斯奉为政治哲学史中最重要的人物时,他的形而上学和神学却与政治哲学分道扬镳了。

在过去数百年间,这种割裂产生了一个困扰霍布斯研究的问题,即,霍布斯的哲学是由(他有时所声称的)第一原理演绎而来的知识体系吗?我们能以更一般的方式来提这个问题:霍布斯的哲学是否为一个真正的体系,它是否具有一种内在的统一性?人们对这个问题的回答通常是否定的。罗伯特森(George Robertson,1886)100年前的话非常具有代表性:"整个霍布斯的政治学说不像是从他的哲学基本原理发展而来的。"①自那以后,大多数解释者一致认为:霍布斯的哲学看上去是一个体系,但这不过是遮蔽其断裂的面纱,它只是把那些大相径庭的观念拼凑起来。

这种主流观点一再受到挑战。一些评论家认为,霍布斯的体系是因"贯彻一种哲学上的本质学说"②而成为一个整体。还有人认为,这个体系的统一在于一种一以贯之地应用于各部分的方法。另一些评论家指出,《利维坦》的神学是他政治理论的补充。③一些人甚至认为,这种神学是霍布斯政治理论的基础。但令人惊讶的是,人们几乎从未系统察验其著作的内容以支持这些观点。除一两个显著的例外,那些不辞辛劳研究霍布斯形而上学与神学的解释者,都接受了通行的正统观念,即霍布斯的形而上学和神学,与他的政治哲学之间,隔着一道坚实的墙壁。

霍布斯的解释者之所以无力解决这个问题,主要是因为他们(除少数将其学说置于英国内战背景中的学者以外)都假设,霍布

---

① 乔治·罗伯特森,《霍布斯》,爱丁堡与伦敦:布莱克伍德父子出版社,1910年版,第57页。

② 迈克尔·奥克肖特,《霍布斯论公民联合》,伯克利和洛杉矶:加州大学出版社,1975年版,第16页。

③ 例如阿兰·瑞安,《霍布斯、宽容与内在生命》,载于大卫·米勒,拉里·西登托普编,《政治理论的本质》,牛津:克拉伦登出版社,第197—218页,尤其是第201页。

斯的理论必须被视为一种任何时间、地点都平等适用,抽象且永恒的体系。这种假设产生了两种后果。首先,导致解释者们界定霍布斯论证的内容时,一开始就排除了很多霍布斯实际说过的东西。他们认为,那些论述只是地方性的、暂时性的,不值一提。只有那些具有永恒性的理论建构才配得上严肃的讨论。虽然随着时间的推移,哪些论述是永恒的,哪些论述是暂时的,其间的界限不断改变,但解释者们还是坚持对它们作出明确区分。其次,解释者们总是忽视霍布斯著作的政治性质(这与本书的主题不同)。说《利维坦》是本严肃的政治著作,这不会让任何人感到惊讶,但这种论断从未得到任何研究文献的支持。虽然《利维坦》与其他最伟大的政治著作一样被供奉在万神殿,但在某种意义上,这本书和神殿里的古代诸神一样,只不过是枯株朽木。

我的研究尝试去克服这些困难。本书的目的是从哲学观念施加的束缚中,把霍布斯解放出来。那种观念更多来自当代哲学的先入之见,而不是对霍布斯自身哲学前提所作的中肯评价。《利维坦》最早的读者将这本书看成一个统一体,这便是我的出发点。我相信,应该严肃对待霍布斯的每一论述,无论其中一些论述初看起来多么具有临时性。虽然(霍布斯最早的读者将书中论证理解为一个统一体)这一事实还不能证明他理论的统一性,但如果因为某些论述看上去缺乏永恒的重要性,就不予关注,那么,人们几乎不可避免地会认为,霍布斯的论证是纷乱杂糅的。我会严肃地把《利维坦》看成一个整体,以避免如此刻意捏造的结论。

其次,我会重点考察霍布斯著作的政治目的。仅接受霍布斯自己的说法(也就是认为"他的著作是为回应当下的动乱"①)是不够的;仅下结论说"参照霍布斯对英国内战背景的认识,就能充分理解其著作"也是不够的。这本书有个前提,即,必须通过研究来

---

① 《利维坦》,综述和结论,第 728 页(580)。

界定霍布斯著作的目的,不能通过武断的假设妄下断言,不可轻易打发这个问题。一方面,不能未进行深入研究就断定,霍布斯著作的目的在何种程度上是永恒的、思辨的;另一方面,也不能预先确定,这些目的在多大程度上是由英国内战的问题决定的。

本研究的进一步目标是在《利维坦》自身源头的背景下考察这本书的论述。现在广为接受的观念是:时至中年,霍布斯的思想发生了一次断裂,这对他政治哲学的形成具有决定性的影响。这种描述在某些方面是正确的,但若过分偏重这种描述,还是会误导大多数的解释者,导致他们忽视有效的表达与观念的传播,而这些是霍布斯非常重视的。这种关切是他从自己生命头40年里十分熟悉的修辞传统那里继承的遗产。再次审视他思想的源头,我们会看到,这份遗产在统合霍布斯哲学诸原理(这些哲学原理起初看起来彼此毫不相干)上起着核心作用。

我的建议是,在研究《利维坦》的起源与结构时,不要从一开始就抛弃文本内部的巨大张力,在解读霍布斯的意图时,也不要轻信任何未经证实的观念。当人们贯彻这项建议时,就会发现,本书其实汇聚了很长一段时间内的研究成果。正如罗伯特森观察到的,人们最初认为,霍布斯的政治论证最多是由唯物主义形而上学的细线串联起来的。霍布斯曾构想了一套恢宏的演绎体系,他的公民哲学是这一体系桂冠上的明珠。其形而上学和政治哲学之间的实际关系不过只是类比意义上的。但与此同时,这也可以证实,霍布斯哲学这些完全不同的领域间存在一种更为密切的关系。这种关系的基础不是逻辑演绎,而是论辩的效力。霍布斯曾总结道,神学和形而上学都具有直接的政治重要性。政治影响力源自对特定神学与形而上学观念的广泛接纳。霍布斯的神学、形而上学与政治理论统一体的实现,需要回归这位哲学家从修辞传统中吸收的观念,也需要重新界定他政治哲学的目的。《利维坦》的论证是由一种独一的政治目的统合而成的。霍布斯将这种论证的不同部分整合在一起，作为构成要素，共同推动一项独一的政治行动。

　　我们不能将这种行动的政治特征理解得过于狭隘。《利维坦》的主导线索是这本书最重要的政治目的。在此意义上，《利维坦》是一部严肃的政治著作。然而，霍布斯并不只是想用（今日所谓"政治"的）一套制度和实践来实现那个目的。在广义上，他致力于推动那个时代大众文化的转型。霍布斯认识到，在那个时代，人们的很多观念从根本上与政治权威的理性建构相抵触。这种认识激励着他去推动文化转型的事业。霍布斯著书攻击这些观念，并尝试用（在他看来）更加进步，与理性政治社会更为兼容的教义取而代之。正是这种推动文化改造的政治目的，将霍布斯的神学、形而上学与政治理论（狭义上）看似不同的思路串联在一起，霍布斯希望通过这种政治行动，为构建理性政治社会奠定根基。

　　在《利维坦》中，霍布斯狭义上的政治哲学（国家所应具有的根基、起源与制度）架构在一个更加宽广的论辩框架中。该框架致力于改造那个时代的文化，逐渐摧毁那套（他认为）对政治权威有害的流行信念，并用上帝、宇宙和自我的启蒙观念取而代之。在霍布斯看来，就如此彻底的文化转型而论，他自己身处的时代提供了一个千载难逢的机遇，《利维坦》正是要抓住此机遇的一项重要尝试。本书的目的就是追溯这项尝试的起源，揭示其对霍布斯政治哲学结构的意义。

第一章　历史编纂学与修辞学
——霍布斯和修辞传统

1628 年,时年 40 岁的霍布斯完成了修昔底德著作的翻译,人们通常认为这是他人生早期、人文主义阶段的产物。人们认为,这些译著与其后来哲学时期的著作具有显著不同。在霍布斯为此译著写的序言中,有的人发现了他后期在道德和政治方面的某些实质性观点。甚至连这些解释者都认为,至少就方法论而言,霍布斯后期的科学与哲学著作完全不同于其人文主义时期那些短小精悍的文学作品。虽然很难简单地说这种解释是错误的,但它极具误导性,不时诱导这种解释的捍卫者以奇特的方式扭曲霍布斯的思想。

让我们来看看以下的论证。在其译著的序言中,霍布斯就历史写作的范围,提出了一种既非常独特又十分严格的观念。他认为,历史学家应当将自己的工作限定为,只使用可以观察的行为作为基本素材,来叙述事件。由于人们行为的动机就其本质而言是不可知的,所以历史学家不应该在推测动机上多费口舌。正如霍布斯自己所说,"我们只能……推测人们行动的内在动机"。但是,他相信,动机是人类行为的原因,如果将这些动机从历史中排除掉,就相当于承认历史不能教导我们有关因果关联的知识。那些解释者告诉我们,这种局限解释了为什么霍布斯后来把历史等同于"审慎",使之作为"科学"的对立面。在他的观念中,因果关联本质上专属于科学研究关注的问题。因此,将历史作为纯粹叙事的这种早期观念,与霍布斯后期的哲学或者科学观念之间并不存在共同点。[1]

这种论证将霍布斯历史学的观念想得过于简单了。霍布斯的确认为,对动机的解释离不开人们的推测。但是这并不意味着应该禁止历史学家从事任何与推理动机有关的事情,而是说历史学家在把动机归给历史行动者的时候,应该保持谨慎和敏锐。因此他说,在某些历史记录中:

> 对隐秘意图和内在思绪的精细推测,如瀑布般从他们笔下涌流出来。这同样是历史的一种不小的美德,前提是这种推测有充分的依据,而不是被迫为了作者的文风修饰或展示其在推测上的巧妙而服务。但这些推测通常并不是确凿无疑的,除非它是如此明显,以至于叙事本身就足以向读者显明同样的猜测。[2]

这里的论证是一种审慎的忠告,也是对那些脱离整体情境去捏造人们想法和动机的历史学家的责备。它和霍布斯对那些用想象出来的岛屿和海岸线去装饰他们地图的制图员的批评类似。[3]但这同样也是给那些能够对人们隐秘思想和意图提出合理推测的历史学家的赞赏。霍布斯远不是希望禁止所有在历史中推测人们动机的探究,就像他绝不是想从地图中清除所有岛屿和海岸线。

修昔底德之所以成为杰出的历史学家(霍布斯说,正是在修昔

---

[1] 理查德·塔克,《霍布斯政治理论中的意识形态和阶级》,《政治理论》1978 年第 6 期,引用的内容出自《修昔底德》,前言,第 27—28 页。

[2] 《修昔底德》,前言,第 8 页。

[3] 《修昔底德》,前言,第 10 页。

底德那里,历史写作的能力达到了其巅峰),正是因为他在解释人们思想和动机方面具有异于常人的敏锐性。在观察和分析人们的特征方面,修昔底德的敏锐性如此卓越,以至于他的著作偶尔显得晦涩难解。但是

> 这种晦涩,源自于那些深奥的句子;其中包含了对那些人类激情的深思,这些激情不管是被掩饰还是不常被谈论,却仍对人们产生了巨大的影响……

正如霍布斯在献辞中所言,"在鉴察人类方面,没有人做得更好"。[①]

霍布斯也十分清楚,历史写作的本质目的应该是揭露事件的原因。这种理解凸显在,针对批评者哈利卡纳苏斯的狄奥尼修斯(Dionysius Halicarnassius)[②]的指责,霍布斯为修昔底德所作的辩护中。狄奥尼修斯在很多方面反对修昔底德的历史,包括它的叙述顺序(它被霍布斯称为修昔底德的方法)。狄奥尼修斯认为,修昔底德本应当更为小心地去增进雅典的荣耀(这是部分反对意见的基础)。在历史记录开始与结束点的选择上,《米诺斯人对话》[③]

---

① 《修昔底德》,前言,第 4、7、19 页。

② [译注]哈利卡纳苏斯的狄奥尼修斯,约公元前 60 年—前 7 年,古希腊著名历史学家和修辞学教师,著有《罗马古史》《论早期演说家》《论修昔底德》等。狄奥尼修斯在公元前 30 年罗马内战结束后移居罗马,在那里花了 22 年时间学习拉丁语和文学,并准备编写他的《罗马古史》。他的罗马史,与李维所写罗马史同为早期罗马史最有价值的原始资料。

③ [译注]《米诺斯人对话》是修昔底德在《伯罗奔尼撒战争史》中插入的一场富于戏剧性的辩论,这是书中最著名的两个虚构演说之一(另一个是作品开头伯里克利葬礼演说)。《米诺斯人对话》发生在伯罗奔尼撒战争爆发 15 年后,也就是在公元前 416—前 415 年,雅典人与米诺斯人之间的对抗中。米诺斯是位于斯巴达以东爱琴海南部的小岛。雅典人要求米诺斯人交出他们的城市,并向他们进贡,否则将摧毁他们的城市。米诺斯人说他们有权保持中立,试图博取雅典人对手无寸铁的城市的怜悯。雅典人却严厉回答说,不平等的权力之间不存在正义的问题,并围攻米诺斯,屠杀军龄男子,奴役妇女和儿童。

中雅典人愚钝的语言，以及在诸多其他的决定上，修昔底德已经实实在在地伤害了他所在城邦的声誉。

霍布斯抨击这些反对意见，认为这些意见完全与历史真正的目的不一致。狄奥尼修斯追求"用绝妙的叙事愉悦人的耳朵，而不是用真相满足人的心灵"；他"撰写历史的叙事，不是通过书写真相获益，而是愉悦听众，如同创作一首歌曲"。历史学家应该首先关注真相（尤其是真实的原因），而不论他们所揭露的真相是否会玷污自己所在城市的声誉。因此，修昔底德所承担的使命是记载伯罗奔尼撒战争的历史。无论希腊人是良善的还是邪恶的，他都要不偏不倚地记录这场战争，分析战争爆发的原因。此外，历史学家应该小心谨慎地呈现这类原因，以揭示它们的重要性。因此，我们不用理会狄奥尼修斯那些不合理的反对意见。在修昔底德著作的开篇，这位历史学家无疑正确地说明了，是哪些借口导致了伯罗奔尼撒战争的爆发。他随后又对催生战争的内在动机给出了正确的解释。一方面，那些借口无论多么微不足道，对于煽动战争而言，它都发挥着至关重要的作用。而另一方面，作者要将这些原因与那些潜在原因区别开来，以阐明其相对重要性。[1]

因此，即使霍布斯早期的历史著作与后期的哲学和科学著作之间确实存在断裂，这种断裂也和因果关联的问题无关。在1628年，霍布斯非常关注因果关联的问题。他从未认为，考察因果关联超出了历史研究的界限。事实上，霍布斯认为，历史学家最重要的使命就是建立因果关联。他并没有假设这种使命很容易达成。历史学家所从事的工作中，最难的就是去重构历史人物的思想和动机。没有人能直接看到其他人的思想和动机，所以人们往往很容易伪装它们。但是，唯独这种困难才能够告诉我们，什么是历史学

---

[1] 《修昔底德》，前言，第24、25、26、27页。

家最宝贵的天赋。最重要的是在认识人性方面，历史学家应该成为敏锐的观察者和判断者。

虽然很多人坚持认为，因果关联是霍布斯与他早期人文主义观点决裂的核心，但这并不是对这种决裂的唯一解释。列奥·施特劳斯论霍布斯的那本书可能是对这种决裂最为著名的解释。在霍布斯论修昔底德方面，这本书也提供了最富趣味性的解释。他的论述是沿着以下路径展开的：霍布斯认为，历史是政治知识的充足来源，他以此为预设，着手翻译修昔底德的著作。但随着霍布斯思想的发展，他开始区分"是"与"应当"，"事实"与"规范"。此时在霍布斯看来，历史失去了其特殊的重要性。在《利维坦》中，他强调所有历史知识都问题重重，这摧毁了他最初对历史知识充分性的假设。这些表明，历史在霍布斯思想中的地位开始下滑。在完成《利维坦》后，霍布斯的思想持续沿这个方向发展。最终，作为严肃探究真理的历史，与诗歌或小说之间的界限变得模糊不清了。1658 年出版的《论人》中，霍布斯明确将历史与小说等而视之，他背离历史的心已经昭然若揭了。①

尽管这种观点包含重要的真理，但还是免不了严重的扭曲。首先，里面说霍布斯逐渐认识到历史知识是问题重重的，这种观点是错误的。施特劳斯曾经引用《利维坦》下面的段落作为证据：

> 一个人以往如果看见过一个繁荣的国家曾经过怎样的过程，从爆发内战到一步一步走向崩溃，那么当他看到另一个国家的废墟时，就会推测那儿也发生过类似的战争和类似的过程。但这种推测几乎和关于未来的推测同样不是确凿无疑

---

① 列奥·施特劳斯，《霍布斯的政治哲学》，芝加哥大学出版社 1952 年版，第 6 章，尤其是第 96—98 页。

的,两者都只是根据经验作出的。①

　　这个段落诚然提到,历史知识可能是有问题的,但这与霍布斯在 1628 年那本著作中所表述的观点完全相同。正如我们所见,甚至在那个时候,霍布斯已经提出,即使历史学家尝试解释当代的事件,他也必须要将自己对事件的解释部分建立在推测之上。《利维坦》的这个段落是指,观察者试图通过考察人类活动的痕迹,来重建遥远的历史事件,而不是历史学家尝试对观察到的事件作出解释。霍布斯认为,这类观察者所获得的知识,比修昔底德这样的历史学家所获得的知识更不可靠,更具推测性。这既不奇怪,也不太重要。因此,早在 1628 年,霍布斯就认识到历史知识只是推测性的,他后期的观点并没有超出这种认识。值得注意的是,写英国内战史时,霍布斯虽再次强调,解释人类动机是很困难的,但就像修昔底德在解释伯罗奔尼撒战争时所作的那样,他从来没认为自己对战争原因的描述丝毫不受不确定性的影响。②

　　有人认为,霍布斯模糊历史与虚构作品之间的区分,表明他拒绝将历史作为政治知识的来源。我们也必须纠正这种观点。在霍布斯最早的历史学观念中,虚构发挥过重要作用。霍布斯曾称赞修昔底德的历史,利用虚构的演说(或精心构思的演说),向读者展现行动的基础或动机。③ 由于无法直接观察思想和动机,因此,历史学家除了简单叙述事件外,还必须想方设法解释这些事件。而我们对这些思想和动机的了解,在很大程度上是推测性的,因此,用来解释它们的任何手段都必须像修昔底德的演说那样,包含创造或虚构的要素。霍布斯认为,思想和动机是人类事务中因果关

---

① 《利维坦》,第 3 章,第 98 页(16)。
② 《比希莫特》,第 29、37、72,他对描述动机的保留意见,参见第 169 页,他对历史因果关系的坚持,参见第 15、45 页。
③ 《修昔底德》,前言,第 21 页。

联的决定性因素,①因此,虚构对阐明任何历史事件的因果关联都是不可或缺的。显而易见的是,霍布斯认为,用虚构来解释历史事件的因果关联,与历史真理之间并不存在冲突。

在后期著作中,霍布斯也没有模糊历史与诗歌或虚构作品之间的区别。我们可以引用霍布斯为自己的译作《荷马史诗》(这是他晚年完成的作品)所写的序言来支持这个观点。正如霍布斯所描述的那样,英雄史诗非常像某种历史,有时候甚至就等同于历史。因为,英雄史诗的目的是引起人们对人类丰功伟绩的赞美,而史诗中的人物可能就是历史人物。但是,如果说霍布斯在这个序言中完全没有区分历史与诗歌,这同样不正确。事实上,他从多个不同方面对历史与诗歌作了比较,他有时候要对它们进行区分,有时候又要确立它们的共同之处。② 历史甚至可以用诗歌来书写,在这种情况下,两种技艺结合了起来。但霍布斯认可两种技艺的联合,并不表明他没有对它们作区分。

另有一处有趣的引文能支持这种观点。这是 1658 年出版的《论人》中的一段话,霍布斯说:

> 信件(尤其对于历史而言)十分有用,因其为探索因果关联的科学(就像物理学作为自然历史的真理,以及公民与道德科学作为公民历史的真理)提供了大量的依据。这些因果关联要么是真实的,要么是虚假的,但探究这种关联绝非不可能。③

---

① 参见韦斯利·特里姆皮对该一般性问题的非常有趣的讨论,《小说的古代预设:文学理论起源的论文》,《传统第 27 卷》,纽约:福特汉姆大学出版社,1971 年版;《小说的质量:文学理论的修辞传播》,《传统第 30 卷》,纽约:福特汉姆大学出版社,1974 年版。
② 《马尔斯伯里的托马斯·霍布斯英文著作集》[译按:下文简称《英文著作集》],第 10 卷,威廉·莫尔斯沃斯编,伦敦:约翰·伯恩出版社,1839—1845 年版,第 5—6 页。
③ 《论人》,第 50 页,施特劳斯引用了这个段落的拉丁文原文。

有人认为，这段文字准确体现出霍布斯对历史的拒绝。但事实上，这段话丝毫没有表述出这类立场。相反，这里不仅没有说历史比科学更为逊色，反而有力说明了历史对科学是有用的。霍布斯在这里的确将虚构的历史与真实的历史等同起来，并模糊了历史与虚构作品之间的区别。但值得注意的是，他仅仅是在二者作为科学原始材料的范围内，才将虚构历史和真实历史等而视之。霍布斯认为，那些推测性的解释即使是虚假的，对科学也是有用的。这就好像他早先所说的，在解释历史的时候，人为杜撰的演说可以派上用场。①

因此，我们同样要拒绝有些人的观点。他们相信，霍布斯逐渐认识到，历史作为政治知识的来源不仅问题重重，且无法信赖，从而发生转向、转离历史。这种观点也是错误的。尽管如此，我们还是承认这样的事实，最迟到 1640 年，霍布斯非常清晰地区分历史和科学。他将科学称为"关于命题真理的知识"，并认为科学能够得出普遍的结论。另一方面，他认为历史"无非是感觉或原始知识"，要么只是将历史简称为"经验"，而"从经验中，并不能得出任何普遍性的结论"。历史永远只关心经验的特殊性，而科学却能够传递具有普遍性的知识，这种观念或认识使霍布斯最终将历史与科学区分开来。②

人们通常认为，对于界分霍布斯后期的科学和哲学观点与前期人文主义观点的那条鸿沟而言，历史和科学之间的区别是最为重要的标志。霍布斯之所以放弃历史，既不是因为历史无法解释因果关系，也不是因为历史知识缺乏可靠性。霍布斯之所以改变立场，是因他发现科学可以成为政治知识的另一种资源。科学能

① 关于霍布斯思想方法融贯性的有趣讨论，参见米丽安·雷克，《托马斯·霍布斯的黄金之地》，底特律：韦恩州立大学出版社 1977 年版，第 47—50 页。
② 《法律要义》，I.6.1，I.4.10。在《论物体》I.1.8 中，霍布斯区分历史与科学（或哲学）的方式略有不同，但他持续在二者之间维持非常严格的划分。

带来具有普遍性的知识,能比历史更加有力地发掘政治知识。

这种解释更加真实可信。1640 年以来,霍布斯的著作经常(有时甚至是以夸张的辞藻)赞扬哲学和科学(他经常交替使用这两个词)。他本人自豪地宣称,自己写了有史以来第一本真正的公民哲学著作,这是对该作品重要性给出的极高评价。[①] 以下的观察是从《利维坦》一个讨论政治知识的段落中提取的,我们可以从中看出,在政治知识的来源上,霍布斯更青睐哲学,而非历史:

> 做任何事时如果有颠扑不破的法则可循,像机械和建筑中的几何法则那样,那么所有人的经验都抵不上学习或发现这种法则的人的意见。[②]

但是我们要小心,不要过于笼统地看待这个问题。霍布斯当然认为,在解释方面,哲学要比历史更为有力,因为哲学能够发现具有一般性乃至普遍有效性的规则。但这种解释力并不是哲学吸引他的唯一方面。也许证明该事实的最佳方法,是去察验霍布斯比较这两种技艺时,所作的更加明确、更加广泛的讨论。

相关最为全面的讨论在霍布斯 17 世纪 40 年代初写的论述托马斯·怀特的《论人世》(*De Mundo*)的手稿中。这本出版于 1642 年的著作试图使笛卡尔和伽利略所提出的新宇宙论,与天主教信仰保持一致。霍布斯的驳斥始于他批判所依据的最基本的要旨,即只能用逻辑的方法来研究哲学的论点,以及哲学不能与信仰很好地融合起来。在讨论这本书的过程中,霍布斯竭尽全力将逻辑(哲学推理的方法)与"我们用来论述某个主题的其他技艺"区分开来。霍布斯认为,这些技艺总共有四种,即逻辑、历史、修辞和诗

---

① 　《论物体》,卷首献辞。

② 　《利维坦》,第 25 章,第 308 页(203)。

歌,每种技艺都有自身独特的目的。逻辑的目的是证明某些具有普遍性的真理;历史的目的是按照某种顺序叙述一系列事实;修辞(这里的论述揭示出霍布斯对英雄史诗的特别关注,因为英雄史诗被视为这种体裁的原型)的目的是激励听众去做某些事情;而诗歌的存在,则是为了传颂荣耀伟大的事迹,并将其知识传授给后代。①

人们最好是以这些技艺独特的方式去追求各自的目标。逻辑思维应避免使用比喻或图形,因为这些方式会使论述变得模棱两可、含糊不清,这与那些"从定义出发的人们"的目标背道而驰。另一方面,历史只能使用那些不会激起仇恨或同情这类情绪的比喻。因为历史的目的并不是激动心灵,而是塑造心灵。历史也不应该包含格言(或箴言),无论是道德定理还是普适的命令都不应该出现在历史叙述中,因为历史的目的是叙述独一的事实,而不是作出普适性的断言。然而,在修辞体裁中,格言和比喻都可以被接受,因为这类方式都有激发、挑拨情感的强大能力,而这正是修辞的主要目的。最后,诗歌的体裁也可以使用比喻,因为诗歌的目的是荣耀那些丰功伟绩,而对之进行修饰。但是,诗歌中不应该使用格言,因为格言会有损其美感、格局以及和谐。②

在 1650 年,也就是大约 8 年后,霍布斯在论史诗的短文中呼应这些观点:

> 但是诗歌的主题是人类举止,而不是自然的原因。举止是被人们表现出来的,而不是被人们述说出来的;像诗歌中所出现的假想的举止,在人们当中是不存在的。虽说那些在散论中引入虚构的人并不离谱,但是他们毕竟还是犯了错误,因

---

① 《驳斥怀特》,I.1.2。

② 《驳斥怀特》,I.2。

为诗歌所需要的欢乐并非只凭虚构而来,而是要从文风中来。在诗歌中,若出现散论与诗句针锋相对,那将非常不好,这就好像用脚去对抗珀伽索斯(Pegasus)①的力量和羽翼。②

这些评论与我们在霍布斯早期著作中所看到的哲学、历史和诗歌的观念是一致的。他首先将诗歌与历史、哲学这类关注原因的技艺进行对比;接着将诗歌与哲学对立起来,认为哲学关注是"规范的举止"(也就是规则);然后,他单独比较诗歌与历史,诗歌关注"想象的举止",历史则关注"在人们中发现的举止";最后,霍布斯再次指出"愉悦"在诗歌中的重要性,这是保持读者注意力所必需的。正如他多年后所说的,"尽管不是每个人都乐于践行美德,但每个人都乐于见证美德",③而通过英雄榜样进行美德教育是英雄颂诗的目的。

在这些讨论中,有两个特征尤其值得我们注意。首先,霍布斯将哲学、历史、诗歌以及早期讨论中的修辞视为四种话语技艺,每种技艺都有其独特目的。他没有按价值、重要性或有用性对这些技艺进行排名,只是在这些技艺相互之间进行比较,他认为每种技艺都符合自身的特定目的。特别是,他并没有说过哲学比其他技艺更好,或者哲学在某些方面比历史更好,他本可以轻松说出这些论断。其次,在这些讨论中,霍布斯都用大量精力谈论适用于每种技艺的雄辩形式或风格。在 1650 年那段话的讨论中,这不足为奇,在那里,霍布斯的主要目的就是阐述史诗的目的和性质。但是,我们所引用的他 1642

---

① [译注]珀伽索斯,希望之神,希腊神话中有翅膀的神马,是希腊神话中最广为人知的动物之一。珀伽索斯的象征意义随着时间而变化。从中世纪到文艺复兴时期,珀伽索斯一直是智慧和名望的象征。大约在 19 世纪,珀伽索斯与诗歌联系在一起,成为诗人获得灵感的源泉。珀伽索斯是一个内涵非常丰富的肖像画法的主题,尤其见于古希腊的陶器、绘画和文艺复兴时期的雕塑。

② 《答问》,第 46 页。

③ 《英文著作集》,第 10 卷,第 111 页。

年所写的那段话也同样如此，这些评论的目的是阐明他对逻辑和哲学主题的看法。霍布斯对雄辩与文风非常感兴趣，他对这些要素也深有体会。霍布斯不仅乐于思考雄辩与文风在诗歌和修辞中的应用，他对这些要素在哲学和历史上的应用同样感兴趣。

事实上，早在霍布斯讨论这些事情的多年之前，他对修昔底德著作的主要关注就在雄辩与文风方面。他区分了历史著作中必须要考虑的两件事情——真理和雄辩："因为真理构成了灵魂，而雄辩则是历史的内容。后者离开了前者，不过只是历史的图片；而前者少了后者，则不适于提供指导。"但是，提供指导是人们构思历史的最终目的。"因为历史最为主要和最为适当的工作，就是通过了解过去的行动去指导人们，使他们在当下更为审慎，面对未来更有预见性。"①总之，我们必须从两个截然不同的角度审视历史，以评估历史的品质。首先，必须将历史视为一种探索的形式，一种获得真理知识的路径；其次，人们也必须把历史看成是一种教学方法，也就是一种将知识传播给他人的方法。在把修昔底德的著作看成探究真理的方面，霍布斯付之草率，他并没有对这两种视角等而视之。霍布斯过分关注修昔底德的雄辩和文风，而轻忽其中的真理价值，但正是后面这种特征，使修昔底德的著作在传播知识方面具有重大的价值。

霍布斯对雄辩和文风给予了令人惊讶的关注，这在某种程度上反映出他写作所处的思想氛围。在整个文艺复兴时期，人们普遍假设，大部分的人类智慧都蕴藏在古人的著作中。亚里士多德之所以被称为首屈一指的哲学家，是因为人们相信，哲学的技艺在他那里达到了顶峰。人们认为德摩斯梯尼是最伟大的修辞学家，深谙修辞的罗马理论家西塞罗和昆体良必须好好学习德摩斯梯尼，才能掌握这种技艺的复杂性。在几乎每个主题上，人们都认为

---

① 《修昔底德》，前言，第7页。

古代作家的著作具有权威性。然而到了 17 世纪初,这种观点逐渐衰微了。古典著作权威崩溃最引人注目的例子是天文学。在天文学中,托勒密体系的权威地位遭受到挑战,而且从很多科学家的角度来看,这个体系已经被新兴的哥白尼学说击败了。类似很多事情使一些哲学家开始在一般意义上质疑古代学问的权威地位。然而,持有这种怀疑态度的仍然是少数人,很少有人胆敢在公开场合宣告他们的质疑。①

古典著作的权威性深刻影响着霍布斯对知识的看法。在霍布斯看来,知识并不像我们所设想的那样,是某种有待发现的东西。事实上,大部分的知识(即使不是全部的知识)都是古人发现的。所以人类知识的核心问题并不是如何发现知识,而是如何恢复古人已经知道的真理。在长达 2000 多年的时间里,很多真理都已经失落,或变得模糊不清了。很多手稿丢失了或被人们损坏了,很多论证也被人误解了。因此,最重要的研究方法其实是对古代学问和文本的考证。与知识有关的最为重要的问题,必然是和知识的保存与传播有关的,而与知识的发现关系不大。霍布斯对雄辩与文风的强调(也就是对修昔底德历史之修辞的关注),在一定程度上反映了这种对知识传播的广泛关注。

还有迹象表明,在霍布斯的论述中,他对修昔底德修辞学的浓厚兴趣有更加明确的基础。霍布斯明确提到修昔底德在一位伟大的修辞学实践者门下接受修辞训练的情况。② 他在论述中反复引用西塞罗和琉善③这两位修辞传统大家的论述。在介绍自己的主

---

① 当时欧洲最著名的哲学家笛卡尔就是这么做的,他写完《谈谈方法》这本书后,并没有立即出版它,而是等到 9 年以后的 1637 年,这本书才得以面世。

② 《修昔底德》,前言,第 15 页。

③ [译注]琉善(Lucian,约 125—180 年),生于叙利亚的萨莫萨塔,罗马帝国时代的希腊语讽刺作家,是罗马帝国时代最著名的无神论者。其作品中文版有《路吉阿诺斯对话集》,书名按其希腊语人名音译而来。

旨时，霍布斯指出：

> 荷马在诗歌领域无与伦比，亚里士多德在哲学领域卓越
> 超凡，德摩斯梯尼在雄辩术领域独领风骚。当然，这串名单也
> 当加上修昔底德才算公正。正是在修昔底德那里，历史写作
> 的才登峰造极。①

霍布斯沿着哲学、诗歌和修辞所架构的历史（正如霍布斯在随后几年中继续做的那样），宣扬一种人文研究的规范性准则，该准则源自西塞罗对修辞技艺的经典论述。那些论述已经成为修辞传统中奠基性的工作，具有典范性地位。霍布斯自己对历史学的观察，并没有超出西塞罗的框架。

多年以来，在传授哲学、历史和诗歌相对价值的古老论辩方面，人们用的都是西塞罗的术语。虽然在《诗学》中，亚里士多德曾对这些不同的技艺进行了比较（1451b），而且他的论述也备受推崇，但是文艺复兴中，人们讨论这类问题的方式完全是西塞罗和昆体良②所塑造的。在英格兰，这两位古罗马的修辞巨匠可能是修辞传统最具影响力的代表人物。

哲学、历史和诗歌，每一种技艺都有久负盛名、能言善辩的倡导者。16 世纪初，伊拉斯谟曾说："哲学一年教给我们的比我们自己30 年的个人经验教给我们的都多，而且哲学的教导不存在经验学习方法的危险。"③伊拉斯谟为通过哲理箴言进行教育而辩护，强调哲学教导的核心特征，即箴言往往能够通过寥寥数语，传播大量的

---

① 《修昔底德》，前言，第 7 页。

② ［译注］昆体良（Marcus Fabius Quintilianus，约 35—100 年），古罗马著名律师、教育家和皇室委任的第一位修辞学教授，也是公元 1 世纪罗马最有成就的教育家。

③ 伊拉斯谟，《论童蒙的自由教育》，W. H. 伍德沃德译，收录于《伊拉斯谟论教育的目的与方法》，剑桥：剑桥大学出版社，1904 年版，第 191—192 页。

知识。但是后来，这种论点逐渐衰落，这也许是 16 世纪中叶（致力于教育改革的）拉米斯主义运动①的结果。后来，论辩的参与者开始强调教育形式和语言的朴素、简单和有力。② 例如在 1574 年，托马斯·布隆德维尔（Thomas Blundeville）③提出了这样的观点：

> 哲学家通过具有普遍意义的箴言和规则，教导人们实现和平的办法。但历史学家却通过一些具体的例子和经验，用更富趣味性的方式进行教学。尤其是他们以应有的秩序、勤勉和评判写下历史著作的时候，就是在以这种方式教学。④

这场辩论所产生的所有著作中，最著名的也许是菲利普·西德尼爵士（Sir Philip Sidney）⑤的《诗辩》。和前人相比，西德尼认为，诗歌用虚构叙事这种更为有力的形式，装扮箴言的普遍性内容，从而将哲学与历史的精华融为一体。因此，诗歌（特别是英雄史诗）比哲学更为卓越。现实总有瑕疵，但诗歌却不受其束缚，能

---

① ［译注］拉米斯主义得名于彼得吕斯·拉米斯（法语：Petrus Ramus，1515－1572年），又名皮埃尔·德拉拉梅（法语：Pierre de la Ramée）是法国人文主义学家、逻辑学家、哲学家、教育改革者，反对经院哲学和亚里士多德的辩证法。他在 1572 年发生的圣巴托洛缪大屠杀中被杀。

② 对拉米斯主义运动的介绍，参见威伯尔·豪威尔，《英格兰的逻辑与修辞，1500—1700》，拉塞尔＆拉塞尔出版社，1961 年（初版于 1956 年），以及沃尔特·昂，《拉米斯，方法与对话的衰败》，剑桥，麻州：哈佛大学出版社，1958 年版。

③ ［译注］托马斯·布隆德维尔（Thomas Blundeville，约 1522－1606 年），英国人，人文主义作家、数学家。他以逻辑、天文学、教育和马术方面的工作以及意大利语的翻译而闻名。

④ 休·迪克，《书写与阅读历史的正确秩序与方法》，亨廷顿图书季刊，1940 年第 3 期，第 161 页。

⑤ ［译注］菲利普·西德尼（1554—1586）是伊丽莎白一世时期的廷臣，政治家，诗人和学者，被认为是当时的模范绅士。《爱星者和星星》被认为是伊丽莎白时代最优秀的十四行诗，《诗辩》将文艺复兴理论家的思想介绍到英国。他在社交活动中举止优雅，是理想主义的政治家，勇敢的军人，他还熟悉当时的艺术和科学，是当时英国最佳散文作家，又是仅次于爱德蒙·斯宾塞的诗人。

勾勒出完美的画卷。他声称,哲学家通过箴言来教导的方法软弱无力,因为"其施加的不过是言辞的描述。这种方式无法冲击、刺透、攻占灵魂的视域"。作为诗歌的根本目标,教育要通过视觉印象有力地传递出来,这种效果是箴言所缺乏的。因此,哲学家的智慧必须"通过诗歌的历历如绘来阐明或理解"。历史之所以在教导方面如此强有力,正是因为它能提供图景;只因限于报告实际事件,所以历史缺乏伦理内容。相比而言,诗歌则有广泛的自由,能构造"完美的模式",从而将哲学和历史的精华融为一体。①

　　西德尼的观点有个前提,即,教导要取得实际效果,就要向心灵(或"灵魂")传递有力的印象。他认为即使以言语形式传达视觉图像(也就是作为"历历如绘"),也能比任何口头辩论或箴言更令人印象深刻,收效甚著。实际上西德尼的观点是,视觉性的呈现远比单纯的概念更加强大,图像比命题更为有力,也更具成效。在讨论雄辩术和文风时,霍布斯完全赞同西德尼的观点。霍布斯借用普鲁塔克的话,认为修昔底德在明晰性方面无与伦比,因为他

　　　　经常把听众变成了观众,让读者投入到现场观众那样的热情中……他以这种方式描述事物,并将它们如此清晰地呈现在我们面前,使读者的心身临其境,大受震撼。②

　　对于霍布斯而言,明晰性(其在词源上与视觉密切相关)是所有文风要素中最为重要的,明晰性能够制造不会迅速衰退的有力印象。③ 所以霍布斯认为,具有明晰性的论述,就是有效的论述。昆体良曾以古典的方式表达过同样的观点:

---

① 菲利普·西德尼爵士,《诗辩》,范多尔斯滕编,牛津:牛津大学出版社,1966年版,第32—34页。
② 《修昔底德》,前言,第22页。
③ 《修昔底德》,前言,第8页。

有某种经验，希腊人称之为幻象，而罗马人称之为异象。在那种经验中，并不在场的事物，极为生动地呈现在我们的想象中，以至于它们似乎真的就在我们眼前。由于人类具有强大的情感能力，他们对这样的印象具有真实的敏感性……从这种印象中兴起了被西塞罗称为启迪（Lumination）和临现（Actuality）的能力之源。这使我们看上去没有为展现实际的场景而多作叙述，但是我们的情感却被如身临其境般有效地激发出来。①

强调视觉的力量是霍布斯思想的重要组成部分。在讨论修昔底德时，视觉力量是他比较哲学和历史的关键。霍布斯称赞修昔底德时指出：

在进行教育时，他从不使用题外话，也不用那些公开传播的箴言（这是哲学的组成部分）。他的叙述仿佛使人眼睛一亮，能够清楚看见良善与邪恶的运作方式。这种叙述本身确能潜移默化教育读者，在教育方面的果效，历史尤胜于箴言。②

很多人认为，霍布斯1628年的这段话是就哲学和历史（这里省略了诗歌和修辞学）孰优孰劣这个古老的争论所写的。③ 这种解释不能说是错的，但重要的是理解霍布斯作这种比较的范围，以及他提出自己论点的原因。霍布斯主要是讲作为教育的手段和传播知识的媒介（而不是作为探究真理的形式），比较哲学和历史。

---

① 《雄辩术原理（四卷本）》，H. E. 巴特勒译，剑桥，麻州：哈佛大学出版社，1953年版第2卷，第433—437页。
② 《修昔底德》，第22页。
③ 施特劳斯，《霍布斯的政治哲学》，第79—85页。

他主要的兴趣在于比较哲学和历史在教导方面的价值。而且霍布斯认为,在这个目标上,视觉图景比纯粹的概念论证更加有力。①

关于这种比较,有两点值得注意。首先,霍布斯在这里似乎暗示历史要优于哲学。这点看上去很难与后来《利维坦》中的论述相符,霍布斯在那里说的几乎完全相反。事实上,这两处论述是在不同的层面上展开的。在 1628 年,霍布斯的结论是,作为传播知识的手段,历史比哲学更为有力。大约 20 年后,霍布斯说,作为探究方式,哲学比历史更具解释力。霍布斯严格区分了探究和传播(或者真理和雄辩)。因此,这些论述本身并不能证实霍布斯对这两种技艺价值优劣的评价有何变化。1628 年,霍布斯按照教学或教导的功用评价历史,而 1651 年,他是按照解释力(也就是识别一般性或者普遍性规则的能力)来评价哲学的。但是,仅就这些段落,无法确定霍布斯的评价在这段时间发生了变化。

其次,在讨论修昔底德的文本时,虽然霍布斯表面上比较了历史和哲学的相对优点,但是他的重点是比较视觉图景和箴言。修昔底德的演说之所以如此有力,原因在于他将事件以及导致事件发生的商议讨论都清晰地呈现在人的眼前,修昔底德历史中这种非凡的视觉品质让霍布斯赞叹不已。正是这种品质使历史能制造如此生动的心灵冲击,比纯粹概念化的论证远为深刻有效。的确,霍布斯认为历史叙事能潜移默化地教育读者,其中视觉印象为无意识或者潜意识的知识传播架设了渠道。通过与哲学作比较,霍布斯赞赏历史叙事的功用。但更为重要的是,霍布斯承认和颂扬视觉图景制造心灵印记的强大力量。尽管相较概念性思维的箴言或者普遍规则,视觉图景在某种意义上更加原始,且缺乏理性,但视觉图景仍然是传播思想更为有效的手段。视觉性和概念性之间

---

① 穆雷·怀特·邦迪,《古典与中世纪思想中的想象理论》,伊利诺伊大学语言与文学研究,1927 年第 12 卷,第 2—3 页。

的对比，以及图像和箴言之间的对比，是霍布斯讨论的基本主题。如果我们过分看重哲学和历史之间那种更为浅显的比较，就很容易遮蔽霍布斯理论中这个具有根本性的重要因素。

传统观点认为，霍布斯思想的发展可以分为早期的人文主义时期，以及后来的科学时期两个阶段。这个观点包含着非常重要的真理元素。其把握住了一个事实，即霍布斯后来痴迷于某种形式的推理。而在他完成并出版修昔底德著作的译本之后，这种推理才为他所知。这便是以公理为基础的推理方法，这种方法通常与几何学有关，促使他采用这种推理方式的正是其强大的解释能力。在霍布斯发现这种方法之前，晚期经院哲学家早已在使用它。欧几里得通过严格遵守公理的定义以及将定义相互结合的逻辑法则，建构了一种普遍的命题体系。霍布斯将欧几里得的体系视为世界上最早的科学，这个体系目前仍旧位于科学发展的最高峰。这种成就以令人着魔的吸引力征服了霍布斯，在 1628 年时，霍布斯认为哲学箴言不过是些松散的概括，以及从经验中提取的法则；现在他遇到了这种推理形式，它能带来普遍性的结论，不是立基于经验之上，而是依赖严格的定义。这个前景显然让霍布斯感到兴奋，也让他对哲学的解释力有了全新的认识。霍布斯在《法律要义》中表述了这个新的观点，即"经验不能概括具有普遍性的事物"。在《利维坦》中，这种观念也使霍布斯对那些"学习规则或者发现规则"的人不吝赞美之词。

就这个意义上，霍布斯的发现使他重新评估了政治知识的来源。他以前认为，历史作为政治知识的来源，是充分的。这种重新评估的基础不是霍布斯对历史知识可靠性产生了怀疑。毋宁说，是根植于这种观念，即公理性的推理方法（霍布斯越来越喜欢将这种方法与科学联系起来）不同于历史，在解释力的方面，公理性推理是获取政治知识更加有力的途径。但这种对公理性的方法以及其解释潜能的痴迷，在任何意义上都不意味着霍布斯拒绝了修辞传统(这种传统在霍布斯生命的前 40 年中塑造着他的思想)。在他的余生中,霍布斯从修辞传统中继承的观念和旨趣持续塑造着他的政治思想。①

　　从这种传统所继承的遗产中,对霍布斯后期政治哲学最为重要是他对观念传播(而不是观念的原始取得)的兴趣和敏感性。换言之,这个传统对他的政治哲学最重要的价值在于教育,而非探究。对笛卡尔新哲学与伽利略的新科学以及公理方法的兴趣表明霍布斯对探究的兴趣显而易见。但他对思想的传播同样具有浓厚的兴趣,以至于这种兴趣影响到他后期的哲学(尤其是政治哲学)观念。这点虽说不那么明显,但却同样重要。主导霍布斯思考观念传播的主题(正如他在 1628 年关于修昔底德的著作中所阐述的那样)是一个事实:视觉图景或"历历如绘"在制造心灵印象方面强而有力,而纯粹的概念性命题则软弱无力。尽管在这个主题上,霍布斯的观点并非一成不变,但他从未放弃过自己的信念,即在传播观念方面,更具概念化的表达形式(箴言和命题)是孱弱的媒介。霍布斯的这种信念以及他对观念传播问题的浓厚兴趣,就是霍布斯政治哲学从修辞传统中继承的遗产。

　　在写作《法律要义》时(霍布斯政治哲学的第一部手稿),霍布斯曾抛开观念传播的问题,因此这部手稿是他政治哲学中科学色

---

①　这点不应与斯特劳斯的主张相混淆,即霍布斯从一系列对亚里士多德修辞学的研究中获得了他的大部分"人类学"观点(参见《霍布斯的政治哲学》,第 35—43 页)。施特劳斯断言,随着时间的推移,霍布斯对修辞学越来越不感兴趣。只有当我们把霍布斯对修辞学的兴趣与他对实证研究修辞学的兴趣等同起来时,这个论断才是正确的。值得指出的是,人们通常认为两部摘录著作中较短的一部是霍布斯写的,并被人收录在 19 世纪霍布斯的作品集中(《英文著作集》第 6 卷,第 511—536 页),但这本著作实际上是另一位作家杜德利·芬纳的作品,参见沃尔特·昂,《英语中霍布斯和塔龙的拉米斯式修辞》,剑桥书目学会集刊 I,1951 年第 3 集,第 260—269 页,以及威尔伯·豪威尔,《逻辑与修辞》,第 263 页及其后各页。施特劳斯没有途径了解这点,但近期有些霍布斯研究也忽视了这点。例如:威廉·萨克斯底德,《霍布斯:哲学与修辞技巧》,《哲学与修辞》1984 年第 17 期,第 30—46 页。

彩最浓的。这本书首要关注的是详细阐述一系列政治命题,其论述松散地建立在公理性推理方法的基础上。该著作并非完全没有用到修辞和辩论,但其主要构造完全是科学性的,而不是修辞性的。在写作这本书的时候,霍布斯主要受探究理念的主导,而轻忽观念的传播。但在该书面世后的 10 年中,对修辞的关注重新回到了霍布斯政治思想的前沿。其不仅在他论证的主旨方面留下了烙印,也深刻影响着霍布斯政治哲学的观念。在《利维坦》中,修辞对霍布斯的影响达到了高峰。正是在《利维坦》中,霍布斯尝试把适用于政治学的新科学的理性方法和修辞传统的古旧教导结合起来。关于这点,我将会在接下来的章节详加说明。

第二章　法律要义
——理性与修辞

　　有人认为,《法律要义》的构思在本质上是科学的,而非修辞的,这绝非不言而喻的真理,我们可以就此提出强有力的反对意见。这本书于 1640 年春季首次出版发行,时值政治风云变幻,动荡不安之际。那年年初,英国国王查理一世急需筹集资金,以应对与苏格兰人的战争,时隔十几年,查理决定再次召开国会。[①] 多年来,英国王室在税收和宗教方面的政策不仅饱受非议,而且引发了激烈的争论。霍布斯对这类问题特别感兴趣,他甚至参与了下议院议员的竞选。[②] 虽然他未能赢得议员的席位, 但这并没有削弱

① ［译注］在查理一世统治时期,英国国王和国会之间的关系,因国王是否有权不加解释地任意监禁人、征税、干预宗教事务这些问题的争论而恶化,以致查理决心不要国会的帮助进行统治,他在 1629 年解散了国会。1638 年 12 月,苏格兰长老会召开大会,废除了各地主教职务,推翻了詹姆斯和查理建立的整个教会组织。这无疑是叛变,查理召集军队前往镇压。但苏格兰人态度极其强硬,双方于 1639 年协议休战。到了 1640 年,查理决议迫使苏格兰人就范。为了筹措军费,查理终于不得不在 1640 年 4 月召开国会。国会对政治和宗教问题的种种不满就立刻爆发了,查理只得下令解散这个短期国会。在随后的短期战争中,苏格兰人攻入英格兰,并且大获全胜。查理被迫保证支付苏格兰占领军的各项费用,直到合约签订之日。在这种情况下,他不得已重开国会,长期国会于 1640 年 11 月开始工作。

② 1640 年初,约翰・科克爵士在给儿子的信中写道:"富尔伍德先生告诉 （转下页注）

他参与时下如火如荼的论辩的热情。回顾这段时期,霍布斯指出,《法律要义》这本书正是专门针对这次论辩而写的。[①] 他的回顾呼应了书中的献辞,霍布斯在献辞中指出:"如果每个人都持有本书所表述的有关法律和政策的意见,对国家来说,会产生无与伦比的益处。"他继续写道:"这本书的志向,是要说服那些与法律和政策最为相关的人。"简言之,这本书的旨趣是说服和政治参与,而不仅是学术论著。任何解释若没注意到这本著作在当时政治论辩中扮演的角色,都是极具误导性的。

然而,霍布斯的著作绝对不是通常的政治著作。《法律要义》显然是要说服读者改变他们的观点,从而影响当时的政治局势。但是霍布斯用以实现这些目标的方式,却完全是逻辑和理性证明的科学手段。他还在献辞中使用科学术语来界定这本书的目的,霍布斯认为他的目的是将这种正义和政策的学说化约为绝对可靠的理性规则,并宣称他为这种科学提出了真正的基础。霍布斯认为,自己正在真理和逻辑上建构一种坚实的政治科学。无论这种说法多么夸张,我们都应把这种宣告看成理解霍布斯著作的准确引导。

可能有人会认为,科学与政治这两个目标其实并不冲突,反倒彼此相容,甚至相辅相成。《法律要义》的科学愿景可能会促进霍布斯政治抱负的实现。霍布斯相信,他可以通过逻辑论证,科学地证明"法律和政策"结论的真理性,从而说服读者去采纳这些结论。根据这种观点,这两个目标中任何一个目标凌驾于另外一个目标

(接上页注)我,德比人决心不让霍布斯先生当选;他认为可以让你的兄弟当选。但我不会说服他与我的主人[大概是德文郡伯爵,他一定支持了霍布斯的候选资格]进行辩论。只有当你发现霍布斯不能占上风时,才竭尽全力支持你的兄弟,并迅速写下他们如何受你工作影响,这样我们就可能继续合作。"(英国)历史手稿委员会,第十二次报告,附录,第二部分"厄尔·考伯的手稿",保存在墨尔本大厅,德比郡(伦敦:女王固定办公室,1888年),第251页。感谢康拉德·拉塞尔为我编写这则注释提供的帮助。

① 《反思集》,第414页。

之上，都会造成误导。就构思而论，《法律要义》不但是科学的，也是政治性的。这本书的科学目的和政治目的只是一个更大的整体的两个互补的方面。任何将这两个目标分而论之的观点，都是人为杜撰的或捏造的。

这种解释之所以具有吸引力，是因为它使霍布斯这两种抱负（科学和政治）相互协调了起来。然而，我们对之进行仔细研究就会发现，这种解释非常可疑。它（调节两种目标的解释）的问题在于，霍布斯认为哲学命题是软弱无力的。政治说服是否成功，取决于思想传播是否有力，能不能创造深刻而显著的心灵印象。但是根据霍布斯几年前所持有的观点，哲学命题以及总体上更具概念性的表达形式，并不是引起或造成这种印象的优良媒介。由于霍布斯的早期观点并不允许人们如此轻易地调和科学论证和政治说服的目的，所以我们不能简单假设，《法律要义》的科学目的和政治目的之间不存在张力。

早在（写作《法律要义》）之前 12 年，霍布斯就认为哲学命题是软弱无力的。但在这 12 年间，他既发现了几何学，也有了全新的哲学观。我们很容易想象，这些事件可能使他放弃了"哲学软弱无力"的观念，但事实并非如此。在《法律要义》中，霍布斯继续将修辞的力量及其唤起图像的能力与概念性推理在制造心灵印象和塑造意见方面的软弱无力进行对比。[1] 这本书显然不只是一部科学著作，同样也不只是对政治论辩有帮助的著作。《法律要义》是两者的结合。但我们不能忽略这两个目标之间固有的张力，尤其是霍布斯明确认识到这种张力的根源。

因此，我们不能用简单的公式调和《法律要义》的不同目标，从而回避《法律要义》主要构思的问题。霍布斯的这本书既是科学著作，也致力于政治论辩。但是《法律要义》中这两个维度完全是不同

---

[1] 《法律要义》，Ⅱ.8.14；《驳斥怀特》，Ⅰ.1.2；《答问》，第 49—50 页。

的,而不是互补的,在写成这本著作的过程中,这两个目标都扮演着某种角色。在界定这两种角色的准确范围和性质方面,我们既不能事先确定,也不能脱离霍布斯论证的整体。接下来,我将描述霍布斯论证的框架,界定二者的范围和性质。当我们完成这一框架,就可以思考霍布斯理论的性质,以及这种理论所表述的政治观念。有了这个观念,就为回归霍布斯对本书的构思问题作好了准备。

政治论证

《法律要义》这本书由两部分组成。第一部分是关于人性的论述(将人视为自然之人),而第二部分则关注政府和政治(将人视为政治实体的组成部分)。当这本书最终出版的时候(大约是成稿的10年后),它被拆分为两个独立的部分,即《论人性》以及《论政体》。《论人性》旨在建立一些心理学上的预设,以支撑后面的政治论证。撰写《法律要义》手稿时,霍布斯认为,这种心理学意义上的基础以及逻辑论证是他政治理论最为重要的创新。开始写作时,霍布斯说,有关人性的知识对于他的主题而言至关重要,"是对自然和政治法律原理最真实、最细致的解释"。[1] 许多早期的作家都将人性的观点纳入了他们的政治理论。然而在 1635 年的一封信中,霍布斯指出,目前还没有人能够成功解释"灵魂的能力和激情"。尽管霍布斯承认,其他人在这个问题上有所成就,但他声称自己才深谙此道。他吹嘘说,如果没有其他人就此提出合理的理论,他希望自己成为首个阐明这个主题的人。[2] 霍布斯已经在这

---

① 《法律要义》,I.1.1。

② 1635 年 8 月 25 日的信,大不列颠历史手稿委员会,第十三次报告,附录,第二部分"波特兰公爵手稿"(保存于维尔贝克修道院),第二卷,伦敦:女王出版社,1893 年版,第 125—126 页。这里霍布斯是在心理学意义上而非属灵层面使用"灵魂"这个词。

个方向上持续耕耘了多年,也许早在 1630 年,他就开始从事这项工作了。① 因此,《论人性》是一种言之有理、雄心勃勃的心理学产物,这种心理学可能已经潜滋暗长了 10 年时间。和前人的观点不同,霍布斯的政治理论之所以看上去真实可靠、引人注目,部分在于它是建立在一种合适的心理学基础之上的。

《论人性》提出了两个主要的论点。第一个论点是,人类依其本性容易相互攻击。如果放任自流,就难以避免相互冲突;后来《论政体》描述人类在纯粹自然状态的处境时,这个观点举足轻重。第二个论点是,可以利用人性中的某些因素克服这种相互倾轧的势态。在这些因素中,最为重要的是对死亡的恐惧,霍布斯将这种恐惧称为人类共享的激情和通向理性的激情。

霍布斯列举了"人类本性易于相互侵害"的两个主要原因。②第一个原因是:所有人的贪欲在本质上都是无法满足的。霍布斯用生理学上的论证来支持该论点,他认为,我们所有的感知和观念归根结底不过只是"头脑中内部物质的运动"。③ 这种运动从头部延续到心脏,在那里遇到维系生命的活力运动。霍布斯这里的活力运动似乎是指血液循环,在当时,血液循环的概念是威廉·哈维发现的,④这位英国科学家后来和霍布斯交好。霍布斯的基本论

---

① 当时他显然已经写成了《第一原则简论》(一本有趣的科学史著作),讨论灵魂的两种感知官能:感觉和理解。参见《法律要义》,附录,第 210 页,以及弗里迪弗·勃兰特在《托马斯·霍布斯的机械论自然观》中对这本著作极为重要的讨论,哥本哈根:莱文和芒克斯加德出版社,1928 年版,第 1 页。

② 《法律要义》,Ⅰ.14.11。

③ 《法律要义》,Ⅰ.7.1。

④ [译注]威廉·哈维(William Harvey,1578 年 4 月 1 日—1657 年 6 月 3 日)出生于英国肯特郡福克斯通镇,家中长子,英国 17 世纪著名的生理学家和医生。哈维为詹姆士一世父子的上宾,英国资产阶级革命爆发以后,他在政治上一度站在国王一边,但在克伦威尔的政权下,并未遭逢不幸。他发现了血液循环和心脏的功能,奠定了近代生理科学发展的基础,其贡献是划时代的,他的工作标志着新的生命科学的开始,属于发端于 16 世纪的科学革命的一个重要组成部分。

证是：无论内在运动始于何种知觉，当这种运动到达心脏，与活力运动遭遇的时候，其要么会加快那种活力的运动，要么会对之造成妨碍（二者必居其一）。加快活力运动，人会经历快乐；妨碍活力运动，人会感受痛苦。但活力运动的增长并不存在自然限制，因此并不存在至高快乐或者终极快乐，而在休歇、或者经验的衰退中也找不到任何快乐。他认为"快乐不在于已经获得的成功，而在于正在取得成功的过程中"。①

霍布斯认为人类贪欲无穷无尽，这些生理学观点为这个命题提供了有趣的理据。但几乎可以肯定的是，霍布斯不是最早说出这些观点的人，包括培根在内的早期道德主义者也曾表达过类似观点。《闲暇时光》（*Horae Subsecivae*）的作者（这本书是1620年匿名出版的，有些学者认为霍布斯的学生威廉·卡文迪什是这本书的作者）也曾就人类追逐野心的无尽贪欲作了以下论述：

> 这是一种无穷无尽的贪欲，永远无法得到满足；这种贪欲持续涌现，而且永远不会停止；如此贪欲使我们坚持不懈地追寻着那些我们并不需要，却总想得到的事物；现在这样的处境中，没有人能侥幸获得任何满足感。②

---

① 《法律要义》，I.7.7。
② 摘自弗里德里希·沃尔夫发表的手稿版本，《托马斯·霍布斯的智慧新论》，斯图加特—巴特坎斯塔特：弗里德里希·弗罗曼出版社，1969年版，第139页。这部作品的作者存在争议，有人认为霍布斯本人就是作者，尽管论据薄弱。这场辩论可以追溯到施特劳斯，《霍布斯的政治哲学》，导言，第12页，注释1。最近参与讨论的沃尔夫的书和埃琳娜·W.萨克森豪斯的论文《霍布斯和闲暇时光》，《政体》1981年第13期，第541—567页。他们都认为霍布斯是这本书的作者。而詹姆斯·杰·汉密尔顿的论著则对此提出反对意见，参见詹姆斯·杰·汉密尔顿，《霍布斯的研究与哈德威克图书馆》，《哲学史杂志》1978年第16期，第445—453页。

虽然，霍布斯并不是通过生理学的论证得出他的观点，但他很可能相信，这种论证能为他的观点提供支持。

人类之所以天生对他人具有攻击性，第二个主要的原因是他们的虚荣（vanity），或者正如霍布斯通常所说的虚荣自负（vain-glory）。虚荣自负只是更为普遍的荣誉感的一种形式，这种激情"源于我们对于自己力量的想象或者设想，我们想象自己的力量超越那些与我们相抗衡的力量"，表述这种激情最为常见的术语是骄傲。有时候，某种程度的荣誉感或者骄傲是合理的，比方说当"我们对自身行动胸有成竹，以此作为设想我们力量和价值的基础"的时候，但是，大多数人都容易高估自己的力量和重要性。这要么是因为别人的意见和奉承使他们这么做，要么是因为这些人"虚构……自己已经完成某种行动，而事实是我们从未完成那些行动"。有时候，我们这么做是因为自己阅读了太多浪漫的故事。当人们以这种方式沉迷于自己的想象时，他们就表现出虚荣自负。①

虚荣自负是一种非常普遍的激情，所有人都相信自己至少和他人同样能干。在霍布斯看来，这种信念还是适度的。正如他曾提到，"每个人都会自然而然地认为，如果他人能支配自己，自己至少也能做到同样的程度"。② 然而许多人都越过了这个适度的界限，认为自己比大多数人都要卓越。当他们的设想走向极端的时候，这种虚荣自负就会使人疯狂。霍布斯引用了下面这个例子：有个人曾于马车之上布道（而不是在教堂中布道），并自称他本人就是基督。这就是灵性的骄傲与疯癫。③

霍布斯对虚荣或骄傲的兴趣至少可以追溯到他为修昔底德著作所写的导言。在那里，霍布斯认为民主政府鼓励虚荣或骄

---

① 《法律要义》，I.9.1。
② 《法律要义》，I.17.1；比较 I.13.4。
③ 《法律要义》，I.10.9。

傲,并因此反对民主。① 虚荣在《法律要义》所提出的理论中也发挥着很大的作用,但这种激情在其中发挥的作用却与在霍布斯早期著作中发挥的作用大不相同。为什么人类有相互侵害的本性?霍布斯的解释是,这是因为人们虚荣自负,以及人类的贪欲根本无法得到满足。因为"有些人在虚荣自负中,希望他们具有高于自己同胞的优先地位和优越性。这不仅会发生在他们与其他人旗鼓相当的时候,甚至也会发生在他们处于劣势地位的时候"。这种对优越性的期待甚至会使那些性情温和、只求承认自己与他人平等地位的人"对他人的权力深恶痛绝,并试图征服他人"。②即便有的人并非贪得无厌,虚荣也会导致他们相互冲突。即使是既不追求虚荣,也不贪得无厌的人,他们同样会陷入相互冲突。因此,"绝大多数人虽然没有十足的把握获胜,还是受虚荣、争竞或贪欲所推动而相互侵害。他们还会搅动那些原本甘于彼此平等之人的心"。③

如果人类本性中不存在与之相反的因素,这种自然侵害就必然会造成破坏性后果,这类相反因素首推对死亡的恐惧。霍布斯认为,"人类天生趋于对自己而言良善的事物(bonum sibi),同时他们会避免对自己有害的事物,而恐惧的大敌就是死亡"。④ 人类的必然天性是想方设法避免死亡,这个论点对于整本《法律要义》的政治理论至关重要。考虑到人类有彼此侵害的天性,霍布斯必须找到足够强大的动机来抵制潜藏在这种侵害倾向背后的贪婪和虚荣。他认为,对死亡的恐惧就是足以抵抗贪婪和虚荣的动机,这是霍布斯理论的核心假设。

霍布斯认为,对死亡的恐惧是所有动机中最为有力的,这个

---

① 《修昔底德》,前言,第16—17页。
② 《法律要义》,Ⅰ.14.3。
③ 《法律要义》,Ⅰ.14.5。
④ 《法律要义》,Ⅰ.14.6。

主张可以分成两个基本假设。第一个假设是：人类在本质上是利己主义的存在。霍布斯把这个前提温和含混地表述为"人类天性趋于自己的利益"。① 只要悉心观察人类行为，人们就几乎不可能反对霍布斯的观点。但是，霍布斯也用更为严谨的措辞来表述这个原理，他说："只要是自主行动，每个人出于本性，都是为寻求自己的益处。"②这是一个更强的命题，明显具有普遍性。这实际上是在说，所有人类行为都必然严格受自利动机驱动，为行动者谋取利益。那些利他主义的行动看上去似乎出自其他类型的动机，但这些行动归根结底还是利己主义的，只是表现得不那么明显而已。

重要的是明确区别霍布斯的两种观点或假设，即"所有人在本性上都是利己主义者"以及"大多数人都是虚荣自负的"。他认为，每个人都很容易受到虚荣这种激情的影响，但是他并不相信所有人都会实实在在地伏在虚荣之下。对于霍布斯来说，虚荣的确会成为成功追逐自身利益的阻碍，因为这种激情是建立在对自身能力错误评估的基础上，并且很可能使人雄心勃勃地投身于那些难以成功的事业。而根据霍布斯的假设，利己主义则是潜藏在所有人类行动背后的激励性原则。虚荣是错误信息和造成混淆的万恶之源，往往会阻碍利己主义原则的成功运作。

为了支持"对死亡的恐惧是所有动机中最为有力的"这个观点，霍布斯提出的第二个基本前提是：死亡是任何人都必须面对的最大的邪恶。如我们所见，他将死亡称为"人类天性的可怕大敌"，而人类比其他动物更竭力地避免死亡。上述生理学理论主要是为这个前提建立基础。霍布斯认为，人类身体中潜移默化的运动要么促进生命的活力运动，要么反过来阻碍这种运动。对活力运动

---

① 《法律要义》，I. 14. 12。
② 《法律要义》，I. 16. 6。

的促进是永无休止的,所以并不存在至高的快乐。但是,对活力运动的妨碍却存在限制。活力运动会在死亡面前戛然而止,这就是最大的阻碍。因此,霍布斯通过快乐和痛苦来定义善与恶,[①]任何人所能经历的最大邪恶就是自己的死亡。[②]虽然这种生理学理论并不是论证该观点(死亡是最大的邪恶)的唯一途径,但他相信其为这种观点提供了科学的基础。

霍布斯认为,理性能够赋予人类逃避死亡(也就是最大的邪恶)所需的手段。这个观点构成了霍布斯心理学的最后一个基本要素。他说,正是"理性的工作"将人导向自身的益处,而理性的首要工作就是使人逃避其大敌——死亡。因此,霍布斯认为,"人尽其所能保护人体躯干和四肢免于死亡和痛苦,这是符合理性的,"他接着指出,"理性将每个人导向自己的益处,去追求和平……并使自己变强。"[③]

因此,在人类心理中可以发现两种完全对立的元素。根本无法得到满足的贪欲使人们相互侵害,而导向虚荣或者虚荣自负的普遍倾向则使这种情形雪上加霜。但是,人们对死亡的恐惧可以抵消这种侵害的破坏性后果,尤其是当这种恐惧受理性引导的时候,人们就能免于由虚荣所助长的错误感知以及迷糊不清。《论人性》中所提出的这两种要素合起来为霍布斯架构了潜藏在《论政体》政治论述背后的心理学假设。

以上心理学假设为霍布斯观察人类行为和互动提供了基础,人的行为和互动在他的政治论述中扮演着重要的角色,这些

---

① 《法律要义》,I.7.3。霍布斯强调这些定义是主观的,因为每个人都把这些术语和他自己的"建构"联系起来。他的观点是,每个人和所有其他人完全一样,以同样的方式定义自己的终极邪恶。

② J.W.N.沃特金斯在《霍布斯的思想体系》中对霍布斯生理学理论的意义进行了更广泛的讨论。参见 J.W.N.沃特金斯,《霍布斯的思想体系(第二版)》,伦敦:哈钦森出版社,1973 年版,第 75—84 页。

③ 《法律要义》,I.15.1;I.14.6;I.14.14。

观察本质上是因果性、预测性的,目的是描述各种人行为的条件和后果。但是,用以架构这些观察的因果性语言或行为意义上的语言只是霍布斯政治论证的一个维度。第二个维度是由道德和法律的语言构成,这种语言用来描述权利和义务,通过法律术语描述人的处境。尽管霍布斯的心理学并没有借鉴第二种法律语言,但它对《论政体》至关重要。霍布斯从来没有提醒读者注意这两种语言之间的转换(这不但给解释者带来了很多令人苦恼的问题,也可能导致霍布斯自己在某些问题上采取令人困惑的立场),但他确实从根本上明确区分了这两种语言。[①]《法律要义》的政治论证整体上是由两种命题交织建构的,一是用因果关系的语言建构的行为性命题,二是用伦理以及法律语言表述的法律命题。

论证伊始,霍布斯描述了那些缺乏政治纽带的人"在纯粹自然状态中的境况"。他认为,任何处于这种状态中的人,都享有"竭尽所能保全自己的生命和肢体的自然权利"。[②] 霍布斯在这里使用权利的概念,这并不意味着其他人有尊重这类权利的义务。他的意思只是,在人类保全自己的种种努力上,并不存在用于干预自然状态而施加的义务。权利虽然是个法律概念,但霍布斯只是用它来指一种特殊的自由,也就是免于义务的自由。一个人拥有这种权利,并不意味着存在施加于他人身上的相应义务。

这种自我保全的自由或权利意味着,人们有权利采用任何手段来实现特定目的。此外,这项权利还预设,允许每个人对这些手段进行判断,使用一切必要手段进行自我保全的自由,以及自己判断何种手段乃是必要的自由。这两种自由叠加,相当于给人对所有事物享有不受限制的权利:"每个人天生就拥有对所有事物的权

---

① 相比《法律要义》,霍布斯在《利维坦》中更加明确区分了这两种语言,参见《利维坦》第 15 章,第 213 页(109),以及第 20 章,第 261 页(153)。

② 《法律要义》,Ⅰ.14.6。

利。这就是说,每个人都有权利做任何他想做的事情;任何人都有权占有、使用和享受他愿意拥有,能够拥有的一切。"①但霍布斯在《论人性》中认为,人类天生易于相互侵害,所以拥有这种不受限制的权利或者自由对于任何人都没有用处。由于人类与生俱来的攻击性,以及每个人都对所有事物具有同样不受限制的权利,因此几乎不可避免导致霍布斯所说的"战争状态",也就是相互敌对的处境。② 因为,即便某些人愿意限制自己,只以自我保全为目的采取必要行动,但其他人却可能出于各种原因超出这些界限,使所有人陷入无比惶恐、不安、敌对的状态。③

以上一系列不幸会进一步导致"在自然状态下,这种无可匹敌的强力是正确的"。④ 这个结论似乎是从霍布斯对自然权利的论述中得出来的。由于所有人在自然状态中所享有的权利涉及一切事物,那么人们的力量和权力有多大,他们享有的自然权利就有多大。在自然状态中,如果一个人有能力征服整座城市,那么他真的征服了这座城市也没有超出自己的自然权利。他的征服不必得到他人的尊重,只要他有能力这么做,征服就不存在任何错误。

霍布斯诉诸历史和他自己所处时代的例子来支持自己的推论,即人类的自然状态就是战争状态。他认为,"我们祖先的历史,德国古老居民的历史,以及其他当代国家的历史"表明,他们人口稀少,生命短暂,不如那些惯常定居在和平社会中的人生活舒适,同样的缺点在"现今时代那些蛮族国家的生活经验"中显而易见。⑤ 简而言之,战争状态不是一种专断的哲学虚构。毋宁说,这

---

① 《法律要义》,I.14.10。
② 《法律要义》,I.14.11。
③ 《法律要义》,I.14.5。
④ 《法律要义》,I.14.13。
⑤ 《法律要义》,I.14.12。

是一种真实的处境,被剥夺了政治社会益处的人必将深受其苦。

这种对人类自然状态的描述是凄凉的,但并不是彻底令人绝望的。由于某些自然法的存在,为人们脱离自然状态指明了道路,所以自然状态并不至于绝望。霍布斯坚持认为,这些自然法的唯一根基是人类的自然理性,他以此为出发点开始阐述这些法则。他指出,"到目前为止,所有著作还没有就我们所谓的自然法达成共识"。① 有些人试图将自然法建立在所有国家都同意的基础之上,而其他的人则将之建立在最为文明聪慧之国家实践的基础之上。还有人认为,自然法建立在所有人尽皆同意的基础之上。这些表述都有不足之处,最后一种看法显然是荒谬的,因为它似乎暗指没有人曾经做过违反自然法的事情。在推导自然法方面,唯一让人接受的办法就是谨慎运用所有人共享的理性能力。

将理性视为推导自然法的唯一基础,这种观点不是霍布斯原创的,但霍布斯对这个原则坚持不懈的应用,以及他对这个原则所作的独特解释是史无前例的。霍布斯将理性界定为计算和建构三段论的能力(这种能力使我们能从给定的前提出发,推出结论)。对他而言,理性并不像柏拉图以及许多古典哲学家所认为的那样,是人类洞察事物本质的超验能力。理性仅仅只是一种用于探究经验无法理解之原理的工具。② 理性虽然无力向我们揭示本质的奥秘,但能使我们的经验更易理解,并能够提出一些做法,使我们未来的生活更加快乐。

霍布斯的基本观点是,用理性获得所有人都同意的原则,从中推出自然法。他认为:"所有人都受自己欲求之物(也就是自身益处)引导和支配。"③在所有益处之中,他们最希望使自己避免"那个人类本性的可怕敌人,也就是死亡"。

---

① 《法律要义》,Ⅰ.15.1。
② 《法律要义》,Ⅰ.5.12,另参照Ⅰ.5.11,以及Ⅱ.10.8。
③ 《法律要义》,Ⅰ.15.1。

　　用理性方式思考自我保全所得的结论大都极为保守。霍布斯坚持认为,理性表明,为了自身益处,我们应该竭尽所能去追求与我们同胞的和平。战争状态持续威胁人们所想的自我保全。克服这种威胁的最佳方法就是彻底脱离这种状态,这是自然法最重要的结论。霍布斯指出,自然法的"总纲……就是缔造和平"。①

　　在自然法方面,霍布斯大部分阐述都在讨论要实现和平,每个人都应当遵循的规则。前两个规则最为重要,即"每个人都要放弃那些与生俱来支配所有事物的权利"②"每个人都有义务遵守和履行立定的盟约"。对第一则自然法的阐述非常明确。由于每个人都对所有事物享有权利,所以自然状态中,人们的生活是悲惨的。如果他们可以相互同意、共同接受对这种权利的限制,那么使他们不安的原因将被克服。第二则自然法是第一则自然法的推论——为使人们相互之间的协议达到彼此期待的效果,协议必须对当事各方都具有拘束力;人们可以立约接受一种义务,限制自己对所有事物的自然权利,从而脱离自然状态的痛苦。

　　所有其他的自然法都源于这组普遍的原则。现在无须对这些自然法进行详细的讨论。霍布斯规定人们应该仁慈、温顺和宽容,他们不应有仇必报,也不应活在对他人的鄙视和憎恶中,不一而足。这些法则纯粹是社会行为的常规法则,在霍布斯之前,自然法理论家对于这些法则几乎不存在什么争议。

　　霍布斯理论的另外一个结论更不寻常。他认为,在没有任何有约束力的强制性协议要求人们放弃对所有事物的自然权利时,"每个人都应该竭尽所能武装自己,以使自己能够抵御破坏和平之人的侵害"。③ 这个原则要求自然状态下,人们应该尽其所能强化自身的防御力量。霍布斯承认自然状态下,对该原则的追求会加

---

① 《法律要义》,Ⅰ.15.2。
② 《法律要义》,Ⅰ.15.2,Ⅰ.16.1。
③ 《法律要义》,Ⅰ.14.14;cf.Ⅰ.15.1。

剧人类关系的不稳定和不安全。在这种情形下，试图从他人那里获得最大保护的人，也会自然而然地去追求凌驾于他人之上的权力。他们会尝试自己取得权力来回应这种处境。人们在自然状态中本为安全而奋斗，结果却背离初衷，造成了人们的恐惧与彼此之间的不信任。[①]

这个结论极具启发性。由于人类的自然处境是战争状态，他们的首要目标始终是切实的自我保全。但这么做必然会加剧战争与不安。的确，即使是在战争状态，人们也会遵守某些自然法的规定。比方说，毫无来由的残酷行为不能够给任何人带来安稳，所以自然法禁止残酷的行为，这是没有争议的。[②] 但总体而言，如果人们没有在彼此间达成以强制执行力为后盾的协议，放弃他们对所有事物的权利，那些致力于和平的自然法则就没有任何作用。形成鲜明对比的行动过程（霍布斯自然法学说指向的）体现在独有的精妙公式中："那些按照自然法行动的人，将适于社会生活；而那些背离自然法则的人，则只能离群索居。"[③]

由于在人类的自然处境中，自然法几乎没有实际的力量，所以霍布斯方案的核心是我们应想方设法逃离这种处境。在提出第一则自然法之后，霍布斯的论述为脱离自然状态奠定了基础。该论述描述了人们得以转让自身权利的条件。在这些论述中，最为重要的观念就是盟约（covenant）。

对于霍布斯而言，盟约是一种特殊的合同。一般而言，盟约是指两个或两个以上的人，他们彼此之间达成的协议。盟约中的每个人都以自己尚未拥有的某些利益为条件，转让自己已经拥有的权利。进入契约的人可能会承诺在未来某个时候履行其义务。当这类契约至少有一方作出这类承诺时，就成为以信任为基础的契

---

① 《法律要义》，Ⅰ.14.3。

② 《法律要义》，Ⅰ.19.2。

③ 《法律要义》，Ⅰ.17.15。

约。这就是霍布斯所说的"盟约"。①

霍布斯认为，有一种特殊的盟约，可以帮助人逃离自然状态。在这个盟约中，每个人都根据第一则自然法的规定，同意放弃自己与生俱来的对所有事物的权利。盟约中的各方所放弃的都是自己对所有事物享有的自然权利，因为所有其他人也同样放弃了自己对所有事物的自然权利，所以每个人都获得了安全作为回报。盟约的每一方都有义务将自己的行动限制在人为建构的框架之内，这就是人们放弃自己最初所享有之自然权利的含义。

然而，为了确保人们脱离自然状态，他们必须做的不仅仅是放弃自己对所有事物的自然权利。他们必须设立"某种共同的力量，使人们因着惧怕，被迫过彼此相安无事的生活；这种力量又能集众人之力，对抗他们共同的敌人"。② 因为，人们虽然放弃了他们对所有事物的自然权利，但却无法丢弃易于相互侵害这种与生俱来的人性特质，这些特质是人类心理的永恒属性。如果没有足够强大的力量限制这些特质，人们相互之间的冲突将不可避免，这些冲突很容易使盟约遭到破坏。确保抵御这种灾难的唯一途径就是委派某些人或者某个委员会裁决可能发生的任何纠纷，并且赋予这些人或者委员会执行自身决定的权力。③ 这种授权是一种条件，离开了这种条件，霍布斯所设想的那种契约将不可能存在。没有授权，任何一方都无法确保其他各方信守自己商议时的承诺；没有授权，盟约不过只是无效的法律形式。正如霍布斯所言，"这样的盟约不会有任何效果"。④

通过建立这样的共同权力或主权，人们就建立了自己的国家。他们建立国家的主要目的，是确保自己免受死亡和人身伤害的危险。这个目标决定了汇聚到主权者的权力有多大，也决定了所有

---

① 《法律要义》，Ⅰ.15.8,9。
② 《法律要义》，Ⅰ.19.6。
③ 《法律要义》，Ⅰ.19.4,6—7。
④ 《法律要义》，Ⅰ.15.10。

成员对主权者服从的程度，"因此，在依约建立国家的时候，一个人必须将自己的意志臣服于主权者到何种程度，这个问题取决于他所追求的目标，也就是安全"。[①]

霍布斯认为，主权者所享有的权力必须非常广泛。[②] 为了充分保护其臣民，主权者首先必须具有强制的力量，霍布斯也效法其传统名称，将这种权力称为正义之剑。其次，他必须拥有发动战争的权力，这项权力还赋予主权者为指挥战争而调动任何必要资源的权利。第三，他必须具有司法权，以便可以亲自或通过代表解决任何臣民之间可能发生的争议。第四，他必须有权制定规则，以使国家成员之间的关系得到规范。我们通常将这些规则称为民约法，霍布斯在这里特别强调调整财产分配和交换的法律。第五，他必须能够任命文职官员和大臣来协助他的工作。最后，主权者必须免受法律对自己的指控。因为主权者具有统一的权力，如果人们攻击他们的主权者，就是在攻击他们的国家。霍布斯解释说，这些权力集合起来，"使得主权者的权力在国家中是绝对的。这就好像在国家成立以前，每个人也有绝对权利做（或者不做）他们认为有益的事情"。[③]

对于霍布斯来说，这种陈述是他整个政治论证的高潮。其含义具有两个维度，这两个维度分别对应论证的两种语言。第一个维度，世俗主权者的权利必须是无限的；第二个维度，主权者必须能够有效对其臣民的行为行使绝对的权力。在论证这些问题时，霍布斯几乎是交替使用"权利"和"权力"这两个词。但他的论点毫不含糊，即一个君主必须具有"手段和力量"来执行自己的决定。这种要素虽与它背后的法律权利大不相同，但可用于强化这类权利。[④]

因此，霍布斯的论证同时沿着两条线展开，这两条线最终交汇

---

① 《法律要义》，Ⅱ.1.5。
② 《法律要义》，Ⅱ.1.6—12。
③ 《法律要义》，Ⅱ.1.13。
④ 《法律要义》，Ⅰ.19.7。

在主权者学说中。核心的法律观念是，人们通过盟约的手段，将每个人在自然状态中所享有的对所有事物的绝对权利，转变为主权者在裁决争端、宣战、制定法律以及其他所有对于保护和满足臣民而言至关重要的绝对权利。这个观念的某些细节有些模糊晦涩。当中最为重要的问题是，国家的臣民是否可以在特殊的情形下保留自己抵抗主权者的权利？对霍布斯的许多同时代的人来说，这个问题（有时毫不夸张）至关重要，但霍布斯对这个问题的表述扑朔迷离，有的时候甚至是自相矛盾的。[①] 然而，他对主权者权利的说明却毫不含糊。他坚持认为这些权利是绝对的，其范围可以延伸到主权者认为必要的任何程度。

伴随法律论证的那个至关重要的行为性命题是：对死亡的恐惧如果受（对死亡原因）理性认知的引导，就会成为极为强大的力量。这种力量能抑制人类天性的贪欲、虚荣和争斗，使他们服从于共同的君主。通过臣服，国家的成员赋予他们主权者执行法律，判决以及其他行动和决定的权力。这个命题是霍布斯政治论证必要的动机基础。如果没有该命题，唯独宣告主权者权利是绝对的，这只会徒劳无功。他在《法律要义》第一部分的末尾说，"如我所说，使人臣服他人的普遍原因是害怕。若不如此，人们将无法保全自己"。[②] 霍布斯的法律论证描述了创立国家的法律后果和道德后果，论证的行为维度则解释了国家创立的真实原因。

科学理论的观念

正如附在文稿前面的"献辞"所示，霍布斯认为，《法律要义》是

---

① 参见《法律要义》，Ⅰ.17.2，Ⅰ.19.10，Ⅱ.1.5，Ⅱ.1.7。理查德·塔克在《自然权利理论：起源与发展》中讨论了霍布斯对这个问题的说明，参见塔克，《自然权利理论：起源与发展》，剑桥：剑桥大学出版社，1979年版，第6章。

② 《法律要义》，Ⅰ.19.11，重点参见Ⅰ.15.13。

一本科学著作。他将科学等同于"命题性真理的知识",这种命题性的知识就如几何定理一样,在范围上具有普遍性。因此,必须明确区分科学与历史(包括自然历史)。历史是建立在"从外部作用于我们以产生效果的经验"基础上的。由于人们只能将事物感知或经历为零散细节,而不能理解为普遍性的东西,因此,"我们不能凭经验得出……任何普适的命题……"正如《法律要义》的文本所描述的,历史由一系列对离散事实的陈述构成;相反,科学的基本单元是具有普遍性的命题。与我们通常对事实的陈述不同,这些具有普遍性的命题可以通过推论或推理,整合到更大的知识网络中,霍布斯存于心中的模式正是几何学或者公理的推理方法。因此,完整的科学是由普遍性命题通过推论组合起来的网络构成的。①

有人认为,这种科学观预设了激进的唯名论真理观,也体现出对科学知识与实在本质之间关联性的深刻质疑。由于"除了名称以外,并不存在任何普遍的事物",而名称则是发现知识之人的任意创造,因此对霍布斯而言,所有的真理都是分析性的,"因为真理和真实的命题完全相同"。② 科学纯粹是命题构成的话语体系,这些命题是语言建构的,可以通过有意义的分析证实或证伪,这种话语体系与现实之间不可能存在任何真实的联系。即使霍布斯的理论看上去将科学的锚抛在现实之中,但这种学说实际也显明了科学与现实之间所存在的矛盾。根据霍布斯的说法,证明就是"将人类的观念和在推理中用以标记这种观念的语词结合起来的过程",③但是这些观念仅仅是其他的身体运动作用于感觉所产生的幻象或者头脑中的运动。霍布斯既未明示也未暗示说,这些观念

---

① 《法律要义》,I.6.1,I.4.11,I.5.11。在他后来的《论物体》(IV.25.1)中,霍布斯区分了科学和哲学的两个分支,其中一类是从原因开始,抵达结果,由普遍命题组成;而另一类则从结果开始,探究其可能的原因,由"单一和特殊"的命题组成。第一类科学的例子是几何学,第二类的例子是物理学。

② 《法律要义》,I.1.5;I.1.10。

③ 《法律要义》,I.6.3。

和事实是相符的。因此，有人认为在形而上学方面，霍布斯是唯名论者。典型的唯名论者认为，我们的语言、命题、概念和观念本身与其背后的事物本性不存在任何可知的关联。①

霍布斯的思想确实存在着强烈的唯名论怀疑主义色彩，这种色彩也在他的科学观念上烙下了印记，但这种印记没有这么重要。《法律要义》前几章主要致力于阐明经验与科学命题之间的关系。例如，在其中一个段落，霍布斯指出：

> 因此在初始以及原则意义上，我将知识（也就是我们所说的科学）视为真理的明证，因为命题的真理从来就不是显而易见的，除非我们构想出该命题所包含的语词或者术语的含义，而这些含义都是头脑中的观念。没有那些促使我们的感官创造同样观念的事物，我们甚至无法记住这些观念。②

这段话的确切含义是晦涩的，但至少我们可以清楚地知道，霍布斯试图将科学命题与知识的客体联系起来，而不只是与头脑中的观念联系起来。除非我们假设霍布斯认为科学必须牢牢根植于对现实的复述，否则，在任何偶性或特质（感觉使我们认为这些事物真实存在于世界中，但是其不过只是表象或者幻影）与不以我们为转移、真实存在的事物之间所作的区分（也就是在由我们的心智所赋予的主观特质，以及事物的客观性质之间所作的区分）就没有任何意义。③ 霍布斯对科学与现实之关系的解释，并不是特别清

---

① 多萝西亚·克鲁克，《托马斯·霍布斯的意义与真理学说》，《哲学》1956 年第 31 期，第 3—22 页。

② 《法律要义》，I.6.4。

③ 《法律要义》，I.2.10，I.2.4—9，I.5.12。霍布斯认为，这种区分对科学而言至关重要。早在 1630 年，他就在《第一原理简论》中对这个问题作了讨论。《法律要义》，附录一，第 3 段。在后面的论述中，霍布斯补充说，对这个问题的讨论是科学史上的里程碑。参见勃兰特，《托马斯·霍布斯的机械观和激情》。

楚。但他显然认为,科学命题必须牢牢根植于经验之中。用他的话说,"没有对现实的感知(这种感知为我们所有的知识提供了最初的出发点),我们就无法构造出任何知识"。①

在《法律要义》中,霍布斯认为,科学是通过推理和论证获得的普遍命题所构成的网络。尽管在经验中,这种看法无法对科学进行明确界定。② 但关于这种科学观念,仍旧存在一个重要的问题。沃特金斯(J. W. N. Watkins)提出,霍布斯对科学的主张应当被理解为经验性假设。他认为,霍布斯建立这种政治科学的主要益处是,有助于将他的(个人的和主观的)政治观念塑造成由相互关联的观念组成的客观体系。用以建构这种体系的观念超越了促使该体系形成的思想,也就是霍布斯最早提出的那些观念。经体系化处理后,很多观念都偏离了创始者最初的期待。霍布斯将这些观念塑造成演绎和逻辑蕴含关系交织而成的体系,使这些观念可以受到批判和证伪。因此对于沃特金斯来说,那些霍布斯意义上的科学命题,是经验性的假设和预测性的陈述。这些假设和陈述可以根据经验进行检验,如果经验显明这些假设是错误的,人们就可以抛弃它们。③

沃特金斯的解释使人们得以重构霍布斯的论述,但它不可能与霍布斯自己的科学观点等而视之。例如,在霍布斯体系中存在一个经验性的预设,即人类必定基于自身本性,竭力逃避死亡;但

---

① 《法律要义》,I.5.14。

② 霍布斯在后面的著作中对解决方法与构造方法作了重要讨论,《论物体》,第6章,他在某种程度上是为明确界定科学命题与经验感知之间的关系。然而值得注意的是,在早期著作中,他并没有作类似的讨论,即便是人们期待《驳斥怀特》中有些讨论,但事实上没有。合理的推论是,这种方法对霍布斯思想的影响远小于一些最近的解释所主张的。关于这点的例子,参见沃特金斯,《霍布斯的体系》,第3章和第4章;伊莎贝尔·C. 洪格兰与乔治·R. 维克,《霍布斯的表征理论》,《哲学史学杂志》,1973年第11期,第459—482页。

③ 《霍布斯的体系》,第8—11页,第121—125页。

有些原始部落在特定情况下会按照惯例消极接受死亡。沃特金斯认为,这个证据已经证伪了霍布斯的说法①。但是,沃特金斯其实无须求助这种异国他乡的证据。因为在《法律要义》中,霍布斯承认,人们会在某些处境中倾向于选择死亡。事实上,霍布斯至少指出了两种诱导人接受死亡的动机,首先就是免于屈辱的愿望:

> 让那些伤害我们的人受到伤害,这种想法和激情是复仇的起源。让人知道并承认自己的行为会反过来伤害自己,这是复仇的高峰。尽管以恶制恶、令仇敌不快并非难事,但想要令他认输却谈何容易,须知宁死不屈者绝非少数。②

　　第二种诱导人接受死亡的动机是对咒诅和地狱的畏惧:"除了对地狱的畏惧以外,还有什么能够令臣民不惧自己的死亡,而违背世俗统治者呢?"③霍布斯清楚意识到,人们有时候会愿意面对死亡。但是没有迹象表明,这种认识有损于他的论点,即人们的天性就是避免死亡。

　　我们可以认为,霍布斯关于畏惧死亡的论点是一种条件性命题,并且这两种动机都是例外情形。换言之,这两种情形违背了霍布斯论点的适用条件。霍布斯在《法律要义》中没有提到科学知识的条件。但在《利维坦》中,他确实指出"科学……是有条件的"。④ 但是,我们如果由此假设霍布斯的意思是,科学取决于实验,或者取决于在经验上证伪的可能性,就会陷入误读。因为他接着认为,科学与"一种断言对另外一种断言的结论"有关。在注意到科学命题是条件性的时候,霍布斯似乎是主张科学命题的真理

---

① 《霍布斯的体系》,第122—123页。

② 《法律要义》,Ⅰ.9.6,参见Ⅰ.9.4对勇气的评述。

③ 《法律要义》,Ⅱ.6.5。

④ 《利维坦》,第9章,第147—148页(62)。

性是其与其他命题以及科学公理之间逻辑关系的函数,而并非说科学知识是以科学证伪之可能性为条件的。事实上我们知道,霍布斯对通过实验去证实或者证伪的可能性并不感兴趣。即使是在物理学中,他也持同样的立场。① 而且霍布斯的科学命题是条件性的,经验性的假设极难与其提出的这些命题的绝对性相一致。例如,他经常说:"自然必然性使他们……避免那些可能伤害他们的事物;但是自然最为可怕的大敌就是死亡。"②

科学与几何学的类比(这同样是霍布斯最青睐的类比)最能帮助我们理解霍布斯的科学观念。对于霍布斯来说,科学命题和定理总体上与几何学命题和定理是相同的。像几何命题一样,任何科学命题都是普遍的、抽象的;那些命题的真实性取决于彼此之间的逻辑关联,而不取决于这些命题与经验现实的匹配程度。说这些命题是有条件的,意思是任何演绎推理都要以前提的真实性为条件。霍布斯肯定会发现,这样的科学命题应该得到经验的证实或证伪。但我们不能用经验去检验"一条直线是两点之间最短距离",也不能用经验证明"两条平行的直线永远不会相交"。没有人会用经验方法去检验勾股定理。事实上,我们可以一次又一次用经验验证勾股定理,但却只能用演绎推理去证明或证伪这个命题。因此霍布斯认为,科学命题绝对不能与经验假说相混淆。

这是否意味着在霍布斯看来,科学命题与现实事物之间不存在真实的关联呢? 答案是否定的。首先,他认为任何科学最终都依赖于定义和公理。正如我们之前所见,"感觉"为我们提供了"所有人类知识最初的基础"。虽然科学命题是抽象的,但它是从经验中抽象出来的。其次,虽然这些命题的真实性仅取决于相互之间的逻辑联系,但在某种意义上,任何科学作为整体的有效性,都取

---

① 布兰特,《托马斯·霍布斯的机械观》,第9、10章;M. M. 戈德史密斯,《霍布斯德政治科学》,纽约与伦敦:哥伦比亚大学出版社,1966年版,第242页。
② 重点参照《法律要义》,I.14.6.以及I.16.6.

决于和现实之间的联系。但对霍布斯而言，人们不能把这种关系说得太简单了。几何学并不是通过准确表述现实来验证的，毋宁说，几何学之所以是真实的，是因为人们能够用它控制和改变事实。航海、地理学、天文学、建筑学以及所有卓越成就的最终来源都是几何学。"正是这些成就使我们的生活不同于美洲印第安人那样的野蛮人。"①尽管这些实践性的成就不能用来证明个别命题的真实性，但这些壮举在整体上证明了几何学的有效性。

令人兴奋的是，这种科学观念为解决科学理论和现实之间的差异提供了路径。在霍布斯看来，谈论理论与现实之间的相互吻合与差距无疑具有重要意义。但正如我们从霍布斯那个观点（人们在天性上是恐惧死亡的）那里所见，这种差距的存在并不足以使我们质疑科学理论的真实性和有效性。这种理论的真实性取决于命题在逻辑上的相互联系，而有效性则取决于在实践中运用的能力。没有理由认为，理论和现实存在差距的地方，人们始终应该调整理论，使其更加符合现实或更能描述现实。毕竟在自然界中，并不存在完美的直线，该事实决不构成对几何学的批评。当面对几何学理论中完美的直线与自然界中实际存在的不完美直线之间的差距时，我们应像建筑师那样作出回应，尽可能使这些不完美的直线与几何学中的完美直线相一致。因此，我们对政治理论和政治现实之间的差距，也应该给出类似的回应。

《论人性》与霍布斯政治论述中的行为性命题描述了一种人类行动的模型。这种命题本质上是因果性的或预测性的。但我们应单独考察这些命题，因为它们并不由经验直接证实或证伪。这些命题也不是与现实事物没有任何实际关系的纯粹语言建构而成的，它们共同描述的人类行为模型的有效性取决于其与现实之间的关系。但是这种联系只是某种近似的关联，模型与现实之间多

---

① 《法律要义》，Ⅰ.13.3。

少都会有些接近。这种模型为霍布斯从整体上建构起政治理论提供了某些至关重要的前提；这种模型取自经验，但是以这种方式所建构的行为描述是某种理想化的或者完美化的模型，它无法在经验的描述方面做到准确无误，这也并非该模型的目标。霍布斯并没有预设这样的模型与行为现实之间的任何差距都应该通过调整模型的方式来解决。毕竟我们不能假设只有模型存在缺陷，而现实都是完美的。

理　性

人类行为是否与霍布斯的模型相吻合，最具决定性的因素是理性。正如我们所见，对于霍布斯而言，理性是一种工具，人们用理性指导他们走向自己的目标。但是，人们能在多大程度上用理性服务于自己的目标，在这点上人与人差异甚大：

> 每个人基于其自然的激情，将那些当下或者可以预见到使他们感觉到愉悦的事物称为善，也照样将当下或者可以预见到使他们感觉不快的事情为恶。因此，能预见到自我保全之全备方法的人（也就是每个人基于其本性所欲的目标）也必须称为善；而相反的情形称为恶。但这并不是那些受激情驱使之人眼中的善和恶，而是理性之人所说的善与恶。①

有些人远比其他人更有远见。每个人天生都是利己主义者，他们的目标都是保全自己，但是许多人却会为此目标选择错误的手段。在用推理来实现各自目标方面，人们取得的成就各不相同，这说明含混错谬的利己主义与对人类（出于自身本性）自我保全途

---

① 《法律要义》，I.17.14。

径的清晰认知(也就是远见,译者注)完全不同。

这里的远见并不是霍布斯所说的慎虑。在《法律要义》中,霍布斯将慎虑等同于从经验中汲取的对特殊事件的知识,他也将这种知识称为历史:"慎虑(Prudence)只是从经验中获得的猜想,或者是审慎地从经验中提取的征兆。"[①]慎虑的确使人们有能力对自己获取成功的途径进行粗略猜测,但霍布斯强调说,这种猜测永远只不过是粗略的、不完善的:

> 就从经验中汲取征兆而论,其虽发生于人们日常所思所想中,但人在这方面的智慧存在差异。很多人认为,这种差异反映出人们整体的认知能力和力量。但这种观念是错误的,因为这些征兆只是推测性的;人们或多或少都可以从经验中获得某些信念,但是其绝不可能成为确凿无疑的断言。[②]

正如我们所见,霍布斯严格区分了"从经验中得出的结论"和"通过推理得出的结论"。人们通过远见,能对实现目标的全部路径形成普遍性的认知。所以,远见不只是从经验中提取猜想,而是"正确推理"的产物,其源自"免于感官的欺骗、词义的晦涩,从经验中发现的原理"。[③]

尽管在力所能及的范围内,理性能为自我保全提供知识,但它也会带来一些危险。虽然推理就其自身而言绝对可靠,但是人类对推理的运用则并非如此。这方面的错误会让人瞠目结舌。因为错误推理所得的结论不只是错误的,更是荒谬的。错误的推理使人"错上加错",以至于有些简单的错误被放大为无法让人容忍的

---

① 《法律要义》,Ⅰ.4.10。
② 《法律要义》,Ⅰ.4.10。
③ 《法律要义》,Ⅰ.5.12。

荒谬结论。① 霍布斯可能认为，推理的误导性能解释某些人为何完全偏离自我保全（这是自然给每个人预设的目的）的道路。有些人为了免受屈辱或者永恒惩罚，甚至宁愿牺牲自己的生命，这也是人类歪曲错谬的认知导致的荒谬结果。

　　错误认知的主要原因是语言的滥用。正如霍布斯谨慎指出的，语言是推理和科学的基础。推理包括命题的建构，以及通过三段论将这些命题与其他的命题联系起来。在他看来，离开了语言，这些过程都不可能实现。② 但语言也是另外一种人造物的基础，它是修辞技艺的基础。根据霍布斯在《法律要义》中的观点，修辞是理性必须与之抗衡的最为强大，也最为狡猾的敌人。霍布斯之所以认为修辞强而有力，是因为它能激发人类的激情（这正是言说的初衷）。他同时认为，修辞是狡猾的，因为它模仿推理。人们很容易把修辞混同为推理：“推理沦为了雄辩，习惯具有如此强大的力量，以至于脑中只要出现第一个单词，其余部分就会根据习惯接踵而至，但这些想法却没有受到心智的引导。”③ 用推理的话语来炫耀是极为容易的，但打破习惯的模式却需要心智付出巨大努力，使所有语词的序列接受理性的审查。任何未经推理而获得的观点，都只不过是胡说八道。

　　虽然真正的推理与冒牌货非常不同，但人们却很难识别出来。最能明确区别推理与修辞的清晰记号是：在推理中，我们能清楚地把握词语代表的观念。这种清晰把握必须与推理链条上的每个环节相伴，这也是推理之于证明最为重要的意义，他认为这对任何真理的知识都至关重要：“因为如果单凭词语就足够了，一只鹦鹉也可以被教导去认识某个真理，就像能被教导说出真理那样。证明服务于真理，正如汁液服务于树木……离开了推理的证明，真理一文不值。”④

① 《法律要义》，I.5.12—13。
② 《法律要义》，I.5.4，11，13；I.6.1。
③ 《法律要义》，I.5.14。
④ 《法律要义》，I.6.3。

　　就像鹦鹉学舌是对人类言说的模仿，修辞是对真理的模仿。修辞始于意见，也终于意见，它从不与推理相伴。对霍布斯而言，这不仅意味着修辞可以使假设未经证明而被人所接受，更意味着修辞与人心智中的思想和观念并不相符。毫不夸张地说，无论是修辞学家还是听众，都无法理解这些主张。人们的确可以从激情和意见开始，修辞技艺可以根据演说者的目的对之加以强化或者弱化。但是修辞技艺力所不及的是，它无法提出任何明确的真理观念。因此，尽管"修辞难以和理性的论辩区分开来，但它实际上是推理的对立面"。①

　　理性和修辞之间的对立具有重大的政治后果。如果修辞如此有力，以至于能使人们脱离自然所赋予他们的自我保全之路，那么这个事实也会动摇主权者的权力，破坏整个政治秩序的基础。对于霍布斯来说，人们要采取合理行动保全自己的生命，这个假设是国家得以建立的基础。人们同意成为国家的成员，保全他们的生命，而主权者的权力最终建立在臣民持续渴望避免死亡的基础上。如果这种欲望本身被挪去，或采取合理行动保护这种欲望的能力被挪去，整个国家的根基就会随之瓦解。在这个意义上，对霍布斯而言，政治秩序密切依赖言语的秩序。因为，只有维护言语的秩序，我们才能够确保在共同体成员的心智中，自我保全具有压倒一切的重要性，使他们严格服从于自己的主权者。②

　　《法律要义》以不同的方式展示理性和修辞之间的对立，就是

————————

① 《法律要义》，Ⅰ.13.2，4。

② 一些解释者已经在强调霍布斯理论中政治秩序与语言秩序之间的紧密联系，最著名的是谢尔登·沃林，《政治与构想》，波士顿：利特尔 & 布朗出版社，1960年版，第8章，以及特伦斯·鲍尔，《霍布斯的语言学转向》，《政体》1985年第17期，第739—760页。这两位解释者都认为，霍布斯认为国家成员有必要共享共同的政治语言。这一观点很重要，但我的观点与此不同。在我看来，霍布斯认为，国家成员需要时刻牢记自我保全的重要性，不再被修辞扭曲，以至于偏离"正确的理性"。

逻辑和修辞、理性和雄辩、教导和说服、数学和教义之间的对立。从霍布斯所写下的第一句话开始，这样的对比就贯穿他的整部作品。霍布斯还将这种对立作为《论人性》中高潮部分的主题，安排在这本手稿开始讨论自然状态之前。这个事实从某种程度上暗示了理性和修辞之间对立的重要性。因此，我们可以说，理性和修辞之间的对立是《法律要义》全书最基本的主题。

乍看之下，霍布斯将理性与修辞对立起来，似乎延续着对修辞的全盘批判，与他12年前为修昔底德历史写的序言中的观点背道而驰。修辞传统的观念充斥着他写的序言。在那里，霍布斯和早期修辞学的代表人物一样，将修辞视为一种至高无上的技艺。这种技艺能将哲学智慧的美德和政治行动的益处结合起来。对于霍布斯而言，修辞与最为重要的政治实践形式有关。但是在《法律要义》（1640年）中，霍布斯表达的思想似乎抛弃了这些早期观点。在这本著作中，修辞被描述为假冒理性的狡猾骗子。修辞不但会导致人们接受荒谬的结论，也会破坏他们分辨真假的能力。当修辞闯入理性，就会造成极为重要的政治后果，使人们对自我保全的途径深感困惑，并因此破坏了政治秩序的根基。

看上去霍布斯在《法律要义》中似乎颠覆了自己从前的看法，但这并不是真的。事实上在为修昔底德著作的英译本写的序言中，霍布斯早就对修辞技艺有着含沙射影的抨击。针对滥用修辞去迎合大众口味的雄辩家，霍布斯极尽批判之能。这一批判与对雅典民主政府的抨击有关——在雅典，"那些被捧为明智和良善国民的人，其实只不过是在公民大会上煽风点火，怂恿人们投入最危险无望的事业中"。① 《法律要义》回应了这种抨击，而且霍布斯在这两处文本中的理据基本相同，即修辞（尤其是在公共聚会上被滥

_____

① 《修昔底德》，前言，第16页。

用的时候)往往会妨碍人们清晰思考的能力,尤其是有碍于他们认知到自己的局限。[1] 在《法律要义》中,霍布斯将理性和修辞之间的对立和更为广泛的语言应用的理论关联起来,扩充了对滥用修辞的批判。但这种批判并不是什么新的思想,也绝不是霍布斯对自己之前观念的颠覆。

　　在《法律要义》中,霍布斯仍旧为修辞的力量所折服,就好像在翻译修昔底德著作时那样。修辞在激发群众热情的时候最为有力,"因为真理通常是少数人所持的立场,而并非多数人的立场"。修辞的确能够造就为众人所欢迎的荒谬立场,但这并不妨碍修辞在牢牢掌控那些易受迷惑之人心智的方面强而有力。就像霍布斯之前所说的那样,使修辞具有这种控制力的最为有效的策略就是图像;"使图像激发人们的热情,而不是用真理激发人们的热情"。一旦聪明的修辞学家通过这种图像的力量成功使听众们沉迷其中,他就能操纵他们的行为。不管人们行为的最终目的是什么,促使他们行动的直接原因总是一些意见。"在此意义上,他们的论断中肯又正确,即这个世界就是由意见所统治的。"[2]

　　霍布斯在唤起图像与修辞强有力的表现力量时,心照不宣地提出了一个和他政治理论的特征与目标有关的问题。在《法律要义》靠近结尾的地方,霍布斯对这个问题作了清晰的表述:

　　　　现在要阐明或者教导真理,由于要求冗长的推理与高度的专心,听众难免感觉不愉快;因此,那些不求真理,只求信念的人,只能另辟蹊径……这便是雄辩的力量,雄辩家能使人们在什么都未曾经历的时候,感受到聪慧和伤害;或者使他们在

[1] 《法律要义》,Ⅱ.2.5,Ⅱ.5.8。
[2] 《法律要义》,Ⅰ.13.3,Ⅰ.13.7,Ⅰ.12.6。

毫无缘由的情况下,变得激动,以至于怒火攻心;而这一切,尽皆由演说者的语言和激情所造成的。[1]

通过将修辞的强大力量(以及其激发图像的能力)与那些(以塑造信念为目标的)概念性或科学性推理的软弱无力作对比,霍布斯摆脱了自己政治理论面临的困境。如果政治理论的目标(正如其在《法律要义》开篇所宣告的)是提出一种真正的政治科学,那么这种科学的呈现方式将会抑制(而非促进)那些载着意见或信念的谆谆教诲。另一方面,如果他理论的目标是诱使人们信奉"这里所表达的有关法律和政策的观点"(正如他暗示的那样),霍布斯要实现这个目标,最好不要通过论证和教导真理的方式,而是另辟蹊径,也就是明明白白地利用语言和雄辩的力量,去对抗因滥用这种力量而对理性造成的扭曲。政治理论在本质上究竟是科学工作还是政治行为?它应该依赖理性解释和命题论证的方法,还是依赖视觉图像以及对真情实感的唤起?前者是教导真理的最佳方式,而后者更有利于塑造意见与信念。霍布斯政治理论面临的根本困境可以简要概括为,政治理论在本质上究竟是科学的还是修辞的?

在《法律要义》中,霍布斯给出的答案是科学。当然,这并不意味他从来没有沉溺于哪怕半点修辞技艺,也不意味着他的论述从来没有被颇具冲击力的视觉图像所打断。事实上,逻辑论证和修辞描述之间的区别并不是绝对的,这两种形式的论述不可避免会交织在一起。但是总体而论,霍布斯在这本书中的论证方法更接近于严谨的理性论证,而非修辞,《法律要义》主要是通过逻辑而非修辞的手段去说服读者。对那些对霍布斯所说的东西抱有浓厚兴趣的人而言,这种方式卓有成效;但是对其他人来说,逻辑论证难

---

[1] 《法律要义》,Ⅱ.8.14。

以激发他们的想象力。正如霍布斯所言,对于其他人来说,这些论述的确只是"枯燥的话语"。① 在献辞中,霍布斯声称自己"不得不⋯⋯更重于逻辑,而轻于修辞",这种说法也许有些狡猾,但是总体上还是准确的。霍布斯的《法律要义》本质上是科学著作。按照他自己的评估,这本著作毫无疑问实现了霍布斯早期理论的目标,即阐明"灵魂的禀赋和激情"。而这本书的第二部分《论政治》虽然远远超出了这个目标,但是它并没有以任何方式突破科学的形式所施加的限制。

鉴于霍布斯意识到科学推理在塑造信念方面的作用是有限的,我们无法确定他为何将自己的论述限制在科学的形式之内。但我们不难对他这么做的原因给出合理的猜测。《法律要义》起初是部手稿,它在完成之后的 10 年内都未曾出版。这本著作的某些部分曾经未经授权就出版了,在那之后,霍布斯才同意出版整本著作。这本书首先在非常有限的圈子中传播,它很可能本来就是为这部分人而写的。霍布斯认为对于这个听众群体而言,逻辑和科学论证是最佳的,也最有说服力的话语形式,但是他也知道这种形式对更加广泛的读者群体而言不那么合适。② 时间是我们所考虑的另一个因素,霍布斯其实已经在《论人性》的主题上花费了好几年时间。但是在《思想录》中(这本著作写于 1660 年查理二世复辟后不久),他明确指出,这部分的论著是在 1640 年的头几个月所写的。③ 虽然霍布斯认识到政治说服远远不只是通过枯燥无味的逻辑论证去证明结论,但是他可能没有足够的时间在这本书中把他的认识付诸实践。

---

① 《法律要义》,I.5.11。

② 正如豪威尔所指出的,在英国文艺复兴中,人们认为逻辑就是为与博学听众交流的方式,修辞则是与公众交流的方式。这种不同也体现在芝诺的比喻中(西塞罗与昆体良也使用过这个比喻),他将逻辑与修辞之间的关系比喻成握紧的拳头与张开的双手之间的关系。参见豪威尔,《逻辑与修辞》,尤其是第一章。

③ 《沉思集》,第 414 页。

　　我们还可以提出其他的猜想。在 1640 年初的时候,霍布斯可能还没有考虑到他的政治模型与英国政治现实之间的巨大差异。《法律要义》的出版距离长期国会的召开还有六个月的时间(正是长期国会使皇室权力受到侵蚀),而英国内战的全面爆发也是两年之后(也就是 1642 年)的事情了。在霍布斯写作《法律要义》时,国王权力也曾受到挑战,但其还是想方设法度过了所有先前的危机。霍布斯认为,历史终将证实人们理解和接受他的政治原则是有益的。但目前没有迹象表明,霍布斯此时已经对政局感到警觉,他似乎也还没有预见到英格兰的主权权力已经临近崩溃。尽管当时政治气氛高度紧张,但政治秩序的崩溃似乎还没有迫在眉睫。在这种情形下,也许霍布斯虽然认为修辞对促进他政治原则的广为接受颇有帮助,但这并不是一件很紧急的事情。

　　无论如何,尽管霍布斯抱怨推理远远不如修辞那般有力,但是他在《法律要义》中还是表现出对理性的信念。理性与激情或其他属性一样,都是人类最真实,也最根本的要素:

　　　　理性与激情一样,都是人之天性,在万民中如一……
　　　　我们自然而然就将这些力量(滋养、运动、生殖、感觉和理性等)称为自然的,并且将它们包含在对人类所下的定义中。因此,我们可以将人类称为理性的动物。
　　　　人类的全部本性……也许可以理解为以下四个要素:身体的力量、经验、理性和激情。[①]

　　尽管人们容易受到修辞的引诱,但是他们内部却有抵抗这些诱惑的能力。霍布斯有时给人的印象是,他似乎鄙夷大多数人的理性能力。如果霍布斯确实如此,那并不是因为他认为人们缺乏

————————

① 《法律要义》,I.5.1,I.1.4,I.14.1。

理解力。在霍布斯看来,甚至连他自己的复杂论证都可以被大多数人所理解,"因为很少有人缺乏如此自然的逻辑,以至于无法很好辨别我给出的结论之真伪"。① 在《法律要义》中,霍布斯认为,逻辑和理性是自然的恩赐。这些恩赐会因人们勤于操练,而变得敏锐精进;也可能因为人们置之不用,而变得麻木迟钝。虽然如此,这些恩赐仍然是人类的本质属性。人们通常容易被狡猾的修辞学家所说服,但他们天生具备抵抗这种软弱的能力。

因此,尽管霍布斯认识到实现理性困难重重,但他还是将理性视为一种完全的自然禀赋,并认为合乎理性是人类心智自然完美的状态。导致人类理性失败的原因是语言的滥用,至少在政治上,这种扭曲主要是修辞学家滥用主观语言而造成的。② 这些人居心叵测,怀揣野心。要使人恢复自然理性,除了消除这种扭曲,别无他法。③ 在理论上,这种假设也许是霍布斯决定以科学的方式建构自己论证的至关重要的因素。尽管霍布斯长期以来都在怀疑命题式论述和逻辑证明是否能与更加生动、更具说服力的论说方式相抗衡,但他还是决定依赖这些方法,在此意义上,我们可以看见霍布斯的决定其实是出于理论乐观主义的行动,而理论乐观主义正是建立在对人类理性满怀信心的基础之上。但即使《法律要义》的确表现出了这种信心,它也很快从霍布斯的政治世界中清除出去了。

---

① 《法律要义》,Ⅰ.5.11。

② 《法律要义》,Ⅱ.8.12—15。

③ 理查德·彼得斯(Richard Peters)指责霍布斯相信定义具有消除混乱的功效,这是"难以置信的天真",这种指控指责看似合乎推理,但事实上是把这个问题想的太简单了。霍布斯并不认为定义本身具有任何力量,这点上,我的大部分论证都试图表明,霍布斯对逻辑论证在诱导普遍信仰的功效上非常警惕。然而霍布斯的确认为,滥用语言可以严重颠覆政治秩序,而指出这种滥用是有价值的。彼得斯的论点参见彼得斯,《霍布斯》(哈默斯沃斯,密得塞斯:企业出版社 1967 年版),第 56 页。

第三章 修辞的再现
——味同嚼蜡到历历如绘

    在完成《法律要义》之后的 10 年内,霍布斯还写了两本政治著作,就是拉丁文版的《论公民》(这本书于 1642 年 4 月首次印刷)和《利维坦》(1651)。尽管这些著作的结论与先前的《法律要义》手稿大体一致,但霍布斯在精确表述这些结论以及论证方面,还是作出了重要的调整,其中有些调整涉及澄清《法律要义》中还没有解决的概念歧义。[①] 有人认为霍布斯其他方面的改变可以被理解为使他的学说与政治环境的变化相适;[②]但是,《利维坦》与他早期政治理论之间最为显著的区别也许是用以表述该理论的新型语言。之前在《法律要义》的手稿中,霍布斯基本上是以逻辑论证的形式阐述自己的政治观点。事实上,他在那里选择科学语言和枯燥的论

---

① 比较参见 F. S. 麦克尼尔,《利维坦的剖析》,伦敦:麦克米伦出版社,1968 年版;大卫·戈蒂尔,《利维坦的逻辑》,牛津:克拉伦登出版社,1969 年版;理查德·塔克,《自然权利理论》,第 6 章。

② 霍布斯本人建议以这种方式调整他的论点。见他在《利维坦》中对死刑的评论,《回顾与结论》,第 722 页[392],以及《反思集》中关于保护和服从之间相互关系的评论,第 423—424 页。同时参见昆汀·斯金纳,《征服与同意:托马斯·霍布斯与争论参与》,载于 G. E. 埃尔莫编,《权力空位》,伦敦:麦克米兰出版社,1972 年版,第 78—79 页。

证,而不是更具说服力的修辞语言。《利维坦》用以展示政治理论的策略与《法律要义》几乎完全相反,该著作的语言特征更加形象、生动且富于修辞。在本书中,霍布斯经常使用明喻和隐喻,例如,霍布斯将教皇制度比作幽灵王国;他也将国家比作《约伯记》中的庞然大物利维坦。明喻和暗喻充盈着整本《利维坦》,这与霍布斯早期用严格的逻辑论证为自己观点作辩护的做法形成了鲜明的对比。他通过援引法律推定的规则(这明显是从西塞罗那里借鉴的)来指控罗马天主教和长老会,而没有为其罪过提供任何实际的证据。[①] 当然,如果说《利维坦》并不是科学或哲学著作,那肯定也是错的,因为科学和哲学显然是这本著作的目标。但《利维坦》比霍布斯的早期著作(尤其是其 1640 年的《法律要义》)都更超越命题推演和逻辑证明。《利维坦》毫无疑问是哲学著作,但它远不止于此。这本书还是一部富于雄辩的著作,其语言品质甚至可以与整个英国文学中那些最受推崇的著作相媲美。

人们常常认为,霍布斯著作文学形式的变化与其理论的实质没有明显关联。有人认为有些论述关注的是相对局部和暂时的政治问题,并没有在他的政治哲学上留下真正持久的印记。一些批评家甚至认为,《利维坦》在修辞方面的造诣虽然增强了它作为文学作品的吸引力,但实际上却使这本著作比霍布斯早期的著作更晦涩、更难懂,因此这本书并不如他早期的哲学著作。[②] 这些观点假设政治哲学的性质应该是抽象、超然的,但这与霍布斯思考政治哲学的方式完全不同。事实上,霍布斯著作文学形态的这种戏剧性变化,反映出他政治理论也发生了一些显而易见的实质性变化,并最终促成其政治哲学性质与目标的潜在蜕变。

---

① 《利维坦》,第 47 章,第 704—706 页(561—562)。

② M. M. 戈德史密斯,《〈要义〉新论》,第 21 页;博德纳·哥特编,《人与公民导论》,纽约州花园城:道布尔戴出版社,1972 年版,第 3 页;比较奥克肖特,《霍布斯论公民联合》,第 14—15、150—154 页。

　　我们将在以下章节中考察这些变化。在这里，我们首先需要向大家呈现这些章节的展开方式。

　　正如我们所见，霍布斯最初的政治理论得以建立，靠的是把两种不同的语言交织成独一的论证结构。他一方面从因果关系的语言中提取行为命题，另一方面，将它们与伦理和法律语言形成的法律命题相结合。霍布斯的国家理论以及有关臣民和主权者权利和义务的结论同时需要这两种语言。他在行为维度层面的论证也说明了国家产生的真实原因，以及随着国家建构而产生的权利与义务的分配。这种论证在行为维度的分析是：对死亡的恐惧受到（产生这种恐惧之原因的）理性知识的引导，使人类抑制自己的其他激情，并使自己臣服于共同的主权者。因此，霍布斯通过分析人性提取的命题，是串联他政治论证的关键和基础。

　　然而，这个命题就像他的政治观点一样，取决于现实与他所描述的行为模型有多么接近。在《法律要义》中，霍布斯意识到他的人类行为模型与现实之间存在差异，但他并没有给出直接的评述。在那本著作中，霍布斯认为这种差异主要源自人们对语言的滥用，这掩盖了人们的理性，损害了他们实现自然所赋目的的能力。（将人们引向自身目标的）理性与修辞（基于修辞的语言滥用）之间的对立是这份手稿的主题。但霍布斯似乎既不认为这种对立无法克服，也没有为人类行为的模型与现实的差异感到震惊。

　　相比早期著作，在《利维坦》中霍布斯似乎更受这个问题的困扰。他开始相信，这些差异的源头根植于人性的深处，比他原先预期的要深刻得多。这种信念使他对人性作了全新的描述，这种描述更为复杂，并一再强调人类行为的模型（由恐惧死亡的激情主导的理性利己主义者）与现实之间的差异。我们将在后面第四章中详细描述这种人类形象。

　　人类的新形象使霍布斯开始重新反思他最初的政治哲学的目的。正如我们所见，在最初的手稿中，科学论证与政治说服这两种目的之间存在显而易见的张力。有清晰的迹象表明,霍布斯同时考虑了这两种目的,但同样明确的是,他认为并不能将二者等而视之。因为科学论证需要"冗长的推理以及极大的专注",这无助于灌输意见,甚至对其有碍,而灌输意见正是说服性话语的目的。在选择以逻辑论证的形式架构自己的政治学说时,霍布斯实际上是将自己的政治目的臣服于科学目的之下,但这种选择只是暂时的。随着霍布斯越来越受人性和政治现实之间差异的困扰,这种选择也越发难以令人满意。最终,霍布斯颠倒了早期手稿中的优先顺序,在《利维坦》中赋予政治目的以支配性地位。

这种颠倒意味着霍布斯承认,只有改变现实本身,才能解决政治哲学所面临的问题。对于霍布斯而言,这些问题与理论本身的不足没有太大关系,而是与现实未能实现其理论愿景有关。正如完美的几何图形与自然界中不完美的形式之间存在差异,霍布斯的理论与人性和现实之间的差异不能通过修正理论来解决。在霍布斯看来,理论是衡量现实的尺度,而现实并不是衡量或评价理论的尺度。政治哲学的目的应该是改变世界,而非只是解释世界。

在前面的解释中,我其实已经暗示,这种关乎政治哲学性质和目的的观念已经在霍布斯政治哲学的早期著作《法律要义》中萌发出来。但当他写作那份手稿的时候,这样的观念还没有完全成形。这种观念也并非雷蒙德·波林(Raymond Polin)所谓的霍布斯学说"内在成熟"的产物,①包括政治与社会事件的刺激以及孕育这种观念的事件都是这种观念产生的条件。但是最终,这种政治哲学观念对《利维坦》论证的塑造具有决定性的影响,这种塑造既表现在实质方面,也表现在形式方面。本章余下的内容将考察霍布

----

① 雷蒙德·波林,《托马斯·霍布斯的政治哲学》,巴黎:法兰西学院出版社,1953 年版,第 229 页及其后部分。

斯这种观念转变的过程，从早期作为纯粹科学的政治哲学转向后期受政治目的支配的政治哲学。

受众的问题

有证据表明，《法律要义》的受众非常有限。在致辞中，霍布斯明确表示："这本书的意图是写给那些对书中所涵盖的事项最为关切的人。"手稿所针对的是具有一定政治重要性的人，他们所处的职位使其能就"法律和政策"问题作出决定。这份手稿的目的与霍布斯在12年前翻译修昔底德历史的时候非常接近——在那本著作的献辞中，霍布斯推崇修昔底德，因为"他的著作能为那些高贵之人在管理伟大而重要的事情上带来益处"。普通的读者则认为，历史主要是用来消遣的，他们对霍布斯并不感兴趣。霍布斯甚至更进一步指出，应该用深奥难懂的方法表述历史的教训以及深刻的政治内涵，使那些随意的读者对这种学问触不可及："一位智慧之人应该这样写作（虽然是用众人皆知的语言写成的），只有智慧之人才能夸赞他的作品。"[1]在《法律要义》中，霍布斯明确否定了这种深奥的写作方法，他采纳了培根的格言，即，科学原则和推理"应当向最为卑微之人显明"[2]，但他对自己著作受众的总体观念与起初大致相同。这两部著作都是写给政治精英的，霍布斯的书很难激起普通读者的兴趣。

这种关乎政治写作受众的观念非常传统。自柏拉图以来，人们普遍认为，政治哲学是供统治精英使用的（无论是以实际的方式还是潜在的方式），这种观念深受文艺复兴时代人文主义者们的欢迎。在马基雅维利的《君主论》、伊拉斯谟的《论基督徒君主的教

---

[1]　《修昔底德》，前言，第29页。

[2]　《法律要义》，I. 13. 3。

育》、纪尧姆·比代的《君主制度》以及托马斯·艾略特爵士的《统
治者》等琳琅满目的著作中,这种观念都被视作理所当然。这也激
发了人们对君王谏议的思考,托马斯·莫埃爵士、伊利奥特和托马
斯·斯塔基爵士都在16世纪的英国为这种思考作出了重要贡献。
在这个传统的背景下,霍布斯那种应以深奥难懂的方式来写作的
观点毫不新奇。像伊拉斯谟、菲利普·西德尼爵士这些持不同观
点的作者都主张过类似的观点;甚至在17世纪,弗朗西斯·培根
本人也提出了这样的观点①,这种定位都在他们著作的字里行间
留下了深刻的迹象。如此迹象在霍布斯1628年的译著和1640年
的手稿中都清晰可见。

　　这种观点是在知识的书面传播只局限在少数人的时候出现
的。毕竟当时只有少数人识字,即便是识字的人,也很难获得书面
著作。这些著作只以手稿的形式存在,因此既极为罕见,又非常昂
贵。但从15世纪末开始,这种情形很快发生了变化。在英国,这
种改变最早的标志可以追溯到1476年,当时威廉·卡克斯顿将第
一台印刷机带到了威斯敏斯特。甚至在此之前,由于人们的阅读
需求已急剧增加,制作用方言写作的手稿的速度也相应地不断加
快。卡克斯顿的打印机为这个趋势推波助澜。作为一位深思熟虑
的推广者,卡克斯顿将其产品分为虔诚的和浪漫的两种,并竭尽全
力促进其市场增长。他的努力非常成功。② 在1500年,英格兰出
版了46本书;一个世纪以后,这个数字已经翻了5倍多,达到了

---

①　参见伊拉斯谟1514年写给马林·多普的信,收录在德西德里乌斯·伊拉斯谟,
　　《愚人颂》,纽黑文:耶鲁大学出版社,1979年版,第139—174页;西德尼的《辩
　　护》,第71,11页,以及第2—6页;以及弗朗西斯·培根《学术的进展》,牛津:克
　　拉伦登出版社,1974年版,第81—82页。一般性说明,参见弗朗西斯·耶茨,
　　《佐丹奴·布鲁诺以及与世隔绝的传统》,伦敦:劳特利奇和基根·保罗出版社,
　　1964年版。
②　内里·S.奥纳,《卡克斯顿:十五世纪信件的镜像》,第15章,伦敦:P. Allan出版
　　社,1926年版。

259 本；到 1640 年的时候，年出版量又翻了一番，达到了 577 本。[1]
在此期间，公众对印刷作品的胃口以令人惊讶的速度增长，这从根本上改变了知识传播的条件。[2]

这种增长之所以可能，原因之一是识字率的迅速提高。我们没有办法知道 16 世纪的识字率，当代对这个数字的估量差别巨大。[3] 但在那个世纪后半叶，入学读书的孩童人数持续增加，这种趋势一直持续到 17 世纪中叶。慈善事业支持的小型学校，以及更加精英的文法学校，这些学校将识字人口扩展到特权阶层之外，使就学人数持续增长。因此到了 17 世纪初，穷人通常也拥有了基本的识字能力。女性的教育仍然远落后于男性，但她们在社会上更受尊重，伊丽莎白一世的榜样也在某种意义上强化了这个趋势。到了 1630 年，在英格兰可能有多达半数的男性以及三分之一的成年人具有阅读能力。加之高等教育的发展如火如荼，这些进步使 17 世纪中叶的英格兰成了世界上受教育程度最高的社会。[4]

在这个教育水平高度发达的社会，报纸是最新颖、最重要的发明。16 世纪早期，书面新闻的主要来源是广为流传的民谣（这是一种大致相当于现代政治漫画的评论），这种民谣在当时大量印刷和售卖。到 16 世纪中叶，更为详尽、真实地报道事件的书面新闻开始流行。到 16 世纪 90 年代，这种新闻报道都让位于"科兰特"（coranto），这是一种将一周中许多地方的新闻报道汇编起来的印

---

① 波拉德、雷德格雷夫编，《英格兰、苏格兰、爱尔兰以及在国外印刷的英国书籍之简称目录（1475—1640 年）》，伦敦：著作协会出版社，1946 年版。
② 参见伊丽莎白·爱森斯坦，《作为变革推动者的印刷机》（2 卷），剑桥：剑桥大学出版社，1979 年版。
③ 参见 H. S. 本内特，《英国的著作与读者：1475—1557 年（第 2 版）》，剑桥：剑桥大学出版社，1969 年版，第 28 页。
④ 劳伦斯·斯通，《英格兰的教育革命（1560—1640 年）》，《过去与当前》第 28 期，1964 年，第 41—80 页。

刷品,这些印刷品后来被称作报纸。① 在 1620 年,后人所说的报纸出现在伦敦,起初每月发行两次。随后几年,因竞争对手的出现,这种报纸增加了发行的频率,改为每周一次。② 从这个关键点开始,报纸在英国公共生活中的角色逐渐确立、巩固。这种角色的重要性因王室行为而遭受了贬损。1632 年,王室彻底禁止报纸的发行。直到 6 年后在非常严格的审查条件下,报纸的出版发行才再次得到许可。随着长期国会废除了所有的出版禁令,大量出版物喷涌而出。英国接受高等教育的人不断增多,他们对政治事务和新闻的兴趣也越来越浓。

这些发展创造出一个新的渠道,政治作家可以利用这个渠道交流他们的观点。在此之前,这些作家不得不接受一个事实,即他们的受众非常有限,但印刷技术和教育的进步使他们有可能为更为广泛的公众著书立说。早在 16 世纪 30 年代末,英格兰就首次系统尝试利用印刷机制造公众舆论。当时托马斯·克伦威尔策划了一场官方的政治宣传,以支持亨利八世与罗马教廷分道扬镳。克伦威尔聘请了著名的教会法典律师撰写文章,为反对教皇的剧作家约翰·贝尔提供保护,并鼓励人们重写教会史,还委托他人写了一系列政治檄文。这些行动的目的都是支持亨利的决议,拒绝教皇所宣告的那种优于英国教会和君主的权力。③ 这场运动虽未产生任何能称为真正哲学著作的文章和书刊,但原则上,直接面向公众的渠道也对哲学家开放了。虽然他们现在可以选择继续专为政治精英而写作,但另一条道路正在向他们敞开。

---

① 马蒂亚斯·沙伯,《英国先驱报(1476—1622)》,费城:宾夕法尼亚大学出版社,1929 年版。

② 约瑟夫·弗兰克,《英国先驱报(1620—1660)》,剑桥,麻州:哈佛大学出版社,1961 年版。

③ 昆汀·斯金纳,《现代政治思想的基础(第 2 卷):宗教改革时代》,剑桥:剑桥大学出版社,1978 年版,第 93—108 页。

在 1628 年,霍布斯对直接诉诸公众的路线还没什么兴趣,他的译著完全是写给那些"少数理解能力更好的读者",其他人并不是他关注的对象。[①] 在《法律要义》的献辞中,霍布斯继续坚持这种精英主义的受众观念,但我们还是可以看见他的思想已有变化的迹象。他认为归根结底,只有当"每个人都持有这本书所讨论的关乎法律和政策之意见"时,他学说所有的益处才能实现。[②] 他的手稿不是用来塑造公众舆论的,事实上,整本著作都在强调修辞和理性之间的对立,这种对立使他的政治理论陷入了两难,这一切都表明,霍布斯认为自己的手稿与那些塑造公众舆论的著作截然相反。但霍布斯的确设想了一种间接的渠道,通过这个渠道,他的政治哲学可以对公众舆论产生影响。他认为,大学过去经常发明那些衍生出大量虚假和煽动性意见的"基础和原则"。霍布斯断言,如果用自己真正的政治哲学取代这些陈旧腐朽的学说,那么:

> 毫无疑问……那些头脑好似白纸,尚无偏颇观念,能接受任何引导的年轻人,他们更容易接受这类教导(无论是通过书本还是其他途径),并将这些观念传给他人。而现在他们做的却正好相反。[③]

在早期译著中,霍布斯拒绝考虑"少数具有更好理解力的读者"之外的人,而在《法律要义》中,他对公众意见更感兴趣。虽然霍布斯的手稿直接写给非常有限的受众,但他显然希望通过大学的教导,人们能接受自己的学说,并通过那些有影响力的知识分子的写作、教导和传讲来传播这种学说,塑造公众的意见。政治哲学

① 《修昔底德》,前言,第 10 页。
② 《法律要义》,前言,强调已加。
③ 《法律要义》,Ⅱ.9.8。

仍然可以只面向少数人,但那时霍布斯相信,它的最终目标必须是通过教育有知识的群体,在更大的范围内塑造公众的意见。

政治权力的文化基础

从这个时期开始直到 17 世纪 40 年代末写作《利维坦》时,公众意见的力量给霍布斯留下了越来越深的印象。这种变化的征兆使他对煽动与叛乱原因的分析发生了转变。在《法律要义》中,他列举了煽动叛乱的三大原因:不满、权利幌子以及取得成功的希望。不满是首要,也是最为根本的原因。对霍布斯而言,不满是恶劣条件造成的,这包括匮乏、对需求以及身体伤害的畏惧,以及(在霍布斯看来更为微妙的)缺乏权力。基于主观意见的权利幌子是一个重要的原因,但这个原因只能位居其次。霍布斯的论述表明,他相信这些观点只不过是煽动叛乱的托词,而不是其背后真实的原因。他将煽动称为伪装起来的意见,并认为"当人们持有某种观点,或者假装有意见,并合法抵制那些拥有主权的人……"①的时候,煽动就蔚然成风。这个论点令人回想起他先前在伯罗奔尼撒战争的借口与真正原因之间所作的区分,其整体结论大致相同。借口对于战争(或叛乱)的发动必不可少,但它并不如战争背后的真实原因那么根本。② 由这个观点可知:对于叛乱的原因而言,客观原因普遍比主观原因更加重要。

《利维坦》对这些原因的说明却大不相同。霍布斯为"国家致弱或解体的因素"列举了一份清单,第一项是:一些主权者愿意让渡某些对主权国家的自然本性来说必不可少的权力。他将英格兰国家的弱点追溯到征服者威廉。煽动性意见位列这份清单

---

① 《法律要义》,Ⅱ.8.1—4,强调已加。
② 《修昔底德》,前言,第 27—28 页。

的第二项。但就重要性而论,霍布斯这时似乎认为该原因是首要的。他称煽动性意见是一种毒药,霍布斯通过这个比喻暗示,对导致臣民不忠而言,煽动性意见具有根本重要性(而非表面重要性)。① 在后面章节中,他提出了一个类似的比喻,称这类观点为迷惑人的酒,正是在这种意见的影响之下(而不是先前的不满),臣民"开始反对他们的主权者"。② 在霍布斯关于叛乱的论述中,客观条件现在明显被放在了次要的位置,构成国家诸多病灶的流行意见才是最严重也是当前最危险的原因。③ 因此,在霍布斯对导致内战爆发的原因分析中,公众意见现在取代了那些更加客观的因素。

这种转变也表现在他对主权国家的职责或职分的论述中。在《法律要义》中,霍布斯认为,主权者的责任在于同时促进臣民在永恒与尘世的福祉。④ 臣民世俗的福祉是建立那些(在主权者看来),有助于臣民获得拯救的教义与规则。臣民世俗的福祉由四件事组成,即,人口众多、物资丰裕、内部和平与外部防御。在讨论了前两点后,霍布斯继续考察内部和平的要求。他首先详细讨论了预防因压迫或某些臣民过度膨胀的野心导致的不满。紧随其后,他简略考察了人们良知中"根除所有那些看似合理,并赋予反叛行动以权利幌子的方法"⑤。他认为,塑造有利的公众舆论是主权者的重要职责,但无论是霍布斯论述的顺序还是重要性的顺序,这项职责都靠近他所列责任清单的最底部。

然而《利维坦》在讨论主权者职权或责任时,霍布斯花了巨大

---

① 《利维坦》,第 29 章,第 365 页(251)。
② 《利维坦》,第 30 章,第 385 页(268)。
③ 《利维坦》,第 29 章,第 373 页(259)。
④ 《法律要义》,II.9。
⑤ 《法律要义》,II.9.8。

篇幅讨论塑造良好的公众意见。他一开始就主张说,主权者的首
要职责就是维护自己职位要求的全部权利。但他接着详细讨论需
要"勤勉、真实教导……这些权利基础"。① 这种论述显然是从《法
律要义》中对这个主题的讨论发展而来的,但霍布斯在这里的讨论
篇幅长得多,也详细得多(加之霍布斯在这里将对公众意见塑造的
讨论,放在关乎税收、公共慈善、法律、刑罚以及其他影响臣民客观
条件的论述之后),这证明霍布斯已经逐渐意识到:公众意见是维
持或消解公共权力的重要因素。

　　霍布斯对公众意见作为主权权力影响因素的重要性越来越敏
感,这也体现在他把授权的概念引入《利维坦》的论证中(他早期的
政治哲学中并没有包含授权的概念)。② 在《法律要义》中,人们必
须满足两个条件才能缔结盟约,使他们逃离自然状态。首先,每个
人都必须一致放弃基于自然而享有的对于所有事物的权利。正如
我们所见,这本著作并没有清楚说明剥离自然权利的范围或程度,
但基本的原则已足够清晰。第二,人们必须任命某个人或者委员
会,裁决可能出现的争端。当然,人们还必须同意遵守裁决;这个
人或者委员会就是他们的主权者。霍布斯认识到,主权者不仅要
有权利,还要有权力来执行他的决定。然而,《法律要义》的理论并
没有真正解释君主如何能获得这种权力。只要权利能被他人所承
认,权力就可以建立在权利的基础之上。但霍布斯这份手稿中所
描述的君主并没有通过他的臣民获得新的权利。他的臣民放弃或
者剥夺他们自己的大部分权利,并且同意大体上不阻碍主权者行
事,但他们实际上并没有给予主权者他自己之前没有的权利。这
个盟约公式指向的主权者拥有的不过是消极的权力。如此空洞的
权力概念难以承担起霍布斯理论赋予主权者的使命,所以这种论

────────────

① 《利维坦》,第 30 章,第 377 页(262)。

② 接下来的这段主要是以戈蒂尔(Gauthier)杰出的著作《利维坦的逻辑》(*The Logic of Leviathan*)中相关主题的论述为基础。

证很难具有真正的说服力。[①]

《利维坦》中的授权理论试图解决这个困难。霍布斯在该书第十六章介绍了授权的理论,并接着对"通过盟约建构主权者"的说明进行了修正。授权是指定某人承担特定人格,并使他代表自己来行动,授权使这个人成为代表授权者行事的"人造人格"。对霍布斯而言,最重要的是,授权是权利从特定人向其他人的实际转移,而不只放弃权利。通过授权创造的代表能够以所有授权者的权利或权威行动。

对理解霍布斯在《利维坦》第十七章中对盟约作的修正而言,授权至关重要。在这个盟约中,每个人都对其他人说:"我承认这个人或这个集体,并放弃管理自己的权利,把它授予这个人或这个集体;但条件是你也把自己的权利拿出来授予他,并以同样的方式承认他的一切行为。"[②]根据这种修正后的学说,主权者拥有了(成为主权者前所没有的)新的权利。某人在成为主权者之前,自然权利就是无限的,在授权后,他会继续享有这种无限的自然权利。但在授权之前,这个人只享有他一个人的权利。在他获得授权后,主权者将臣民转移给他的所有权利,都增添到他已经拥有的自然权利中。现在,主权者是以所有臣民权利授予的权威来行动。

这种理论策略究竟充不充分,尚存争议。但就当前目标而言,与其权衡这个问题,不如关注霍布斯前行的方向。[③] 他逐渐意识到公众意见作为主权权力要素的重要性。相比以往任何时候,霍布斯都更加确定,主权权力应以广泛、公开的方式合法化,授权的概念有助于解决这个问题。霍布斯把主权权力描述为所

---

① 这种批评,参见沃林,《政治与构想》,第 283—285 页。沃林将这种批评既用于《利维坦》,也用在霍布斯的早期著作中。

② 《利维坦》,第 17 章,第 227 页(131—132)。

③ 对比汉娜·皮特金在《表象的概念》(伯克利:加州大学出版社,1967 年版)中的说明与高杰尔在《利维坦的逻辑》中的论述。

有臣民力量联合起来授权的产物（而非本质上消极的放弃权利的行动）。相比早期理论，授权能更加充分地将这些臣民吸收到主权者的行动中。正如大卫·戈蒂尔所说："由于人们认为主权者的行动是他们自己的行动，所以，每个人显然都以某种积极的方式参与到社会中。"[①] 相比那些只是同意放弃彼此自然权利，通过默许的方式允许主权者有效行使那些权利的人而言，那些授权主权者作为其代表的臣民，更不可能将主权者的行为视为外来的、非法的权力。

霍布斯在他的政治理论中并不总是应用这种新的理论（尽管他本可能更加彻底地诉诸这种新理论），这可能会导致某些地方含混不清。他的惩罚理论就是一个例子。霍布斯对惩罚权的基本解释并没有背离《法律要义》中他早期政治理论的假设。主权者惩罚权的基础是他对所有事物的权利，而不是他作为主权者所获得的新权利。[②] 霍布斯之所以坚持这个解释，是因为他想避免臣民授权惩罚他们自己的说法。霍布斯明显认为，这个主张与他政治哲学的基本前提不一致，也就是国家的起因和基础是其成员避免死亡和所有生理伤害的合法欲望。[③] 正是出于这个原因，霍布斯拒绝在他的惩罚理论中使用自己新的授权理论。

即便如此，霍布斯认为主权权力的合法性需要得到广泛、公开的承认。他高度关注这点，在他阐明惩罚理论的过程中烙下了深刻的印记。在坚持自己对惩罚权的基本解释后，霍布斯进一步认为"公共当局事先未经公开定罪而施加的痛苦，不能称为惩

---

① 《利维坦的逻辑》，第 127 页。

② 《利维坦》，第 28 章，第 353—354 页（第 160—162 页）。

③ 戈蒂尔正确地看到，霍布斯可能很容易调和他的惩罚观念与他的授权理论。他认为惩罚的权利来自每个人授予主权者惩罚他人的权利。没有人会授权惩罚他自己，所以这与霍布斯的基本前提是吻合的。但是主权者的惩罚权是从自己臣民那里获得的，所以这个理论也不与霍布斯新的授权理论相冲突。参见《利维坦的逻辑》，第 146—149 页。

罚,而只是一种敌视行为"。① 在霍布斯早期政治理论的框架内,人们很难解释惩罚和敌对之间的区别,任何臣民都只能将惩罚视为保护自己不受伤害的自然权利。但在《利维坦》中,这种区别至关重要。正是出于让所有臣民都明白这种区别的需要,霍布斯才认为主权者需要承担如此繁重的教学任务。主权者必须孜孜不倦地教导关乎主权权威基础的真理,因为臣民若是缺乏这类知识,

> 他们就不可能懂得主权者所制定的任何法律意义上的权利。至于惩罚,他们就会完全把它当成一种敌对行为;当他们认为自己有足够的力量时,就会试图以敌对行为来规避这种敌对行为。②

《利维坦》中类似的段落表明,霍布斯越来越重视政治权力的意识形态基础或文化基础。如果缺少对那些权利的基础、合法性以及适当范围的普遍承认,任何主权者都无法维持自己的权力和权利。这种认知将解释嵌入环境中,成为一面透镜,使人们把握、理解自己与他人之间的关系。在《法律要义》中,霍布斯已经认识到这种认知的重要性。但在《利维坦》中,他比以往任何时候都更加敏锐地意识到获得这种认知的困难以及缺乏这种认知的后果。

历历如绘的哲学

到了 16 世纪 40 年代末,霍布斯已经远远离开了自己在 1628

---

① 《利维坦》,第 28 章,第 354 页(242)。
② 《利维坦》,第 30 章,第 377 页(262)。

年首部政治著作中轻视普通人意见的草率立场。这时的他在两种不同意义上,将这种意见视为主权权力的重要组成部分。首先,这些意见是决定人们能否理性保全自己生命的重要组成要素。如果人们严重偏离了合理推理以及"正确理性"的道路,他们就会摧毁自我保全所依赖的理性预期,甚至可能会摧毁自我保全这种欲望本身。但是对于霍布斯而言,主权者权力最终的基础在于他对其臣民生活的强制掌控。如果这些臣民不再以理性的方式逃避死亡,那么主权的基础就会崩塌。第二方面,尽管霍布斯认为,对死亡的恐惧是主权权力的必要基础,但他认为这个基础可能是不充分的。霍布斯指出,主权的基础"不能靠任何民法或刑罚之威来加以维持"。[1] 国家不能建造在自利之人谨慎计算的基础上,这些人可能认为他们的主权者只不过握有令人畏惧的外在权力。只要出现合理机会,他们就会反抗主权者。受到误导的公众意见可能以两种方式摧毁国家的基础:一是阻止其臣民认识到主权者的权利其实是他们自己主权的延伸。更为彻底的是削弱人们对死亡的恐惧,破坏理性应对这种恐惧的能力,最终摧毁国家主权的基础。在《利维坦》中,霍布斯一如既往表现出对流行意见的鄙夷。但他无法忽视这些意见以及其持有者的重要性。在他看来,普通人的意见现在是主权权力的关键因素。

对于霍布斯来说,逐渐意识到主权权力依赖于流行意见,这不值得欣喜。流行意见是不稳定的,正如《法律要义》指出的,这种意见极容易受到聪明演说家的操纵。[2] 随着对这类意见的重要性有了前所未有的认识,霍布斯不得不承认那个让他不快的事实。在《论公民》中(霍布斯在 1646 年写了一篇新的序言,并加在了本书第二版中),他对这个事实的重要性,以及其给政治哲学带来的问

---

[1] 《利维坦》,第 30 章,第 377 页(262)。

[2] 《法律要义》,Ⅱ.8.12,14。

题进行了反思。他认为，"远古时代的智者相信"，用书面形式记录
道德和政治哲学需要非常谨慎，要"采用优雅诗文或朦胧预言的方
式，以免人们所说的统治那高深而圣洁的神秘性，被私人的议论所
玷污"。早在苏格拉底的时代以前，政治哲学家们就非常有智慧地
将科学知识从普通学科中分别出来，他们宁愿"将关乎正义之学包
裹在寓言中，也不愿将之暴露在公众的争论中"。这种谨小慎微守
护政治哲学秘密的做法大有益处：

> 在那类问题开始出现争议之前，君主并不宣称自己拥有
> 主权，他们只是在运用它而已。他们维护自己的权力，不是利
> 用论辩，而是通过惩恶扬善。反过来说，公民衡量正义，不是
> 根据私人的议论，而是根据国家的法律。维持和平不是通过
> 争论，而是通过治权。事实上，不论主权是在一个人还是一个
> 会议手里，他们都把它当作一种看得见的神力给予敬畏……
> 因此那是和平的黄金时代，它终结于萨杜恩被逐、人们可以武
> 装反抗君主的教会出现之时。[1]

就像霍布斯早期对深奥写作方法的评述一样，这个观点反
映了16世纪知识分子当中非常流行的权谋哲学、秘传哲学的影
响，这类哲学在17世纪还未消亡。但霍布斯与这种思想的追随
者不同，他认为不可能重现古时圣贤的时代。人们向大众传播
政治哲学，就像打开了潘多拉的盒子，一旦行动已经做出，就覆
水难收。这种后果对于政治哲学与和平事业而言都是灾难
性的：

> 现在各个国家的人(不只是哲学家，甚至是普通人)都已

---

[1]　《论公民》，致读者的前言(1646)，第6页。

经将其(政治哲学)当成轻松容易、浅显直白,甚至向每位妇人
敞开的事情,从而不需要任何专注的研究……(但他们所拥抱
的他们的正义女神只是一片错误而空洞的浮云)于是产生了
道德哲学家那些模棱两可的教义,他们既有正确和吸引人的
成分,也有野蛮和非理性的内容,这就是一切争执和杀戮的
起因。①

这些观察是对人类现状的哀叹,也有着对古时的挽歌韵味。
但霍布斯的结论同时也指向未来。霍布斯与那些隐秘传统的真正
信徒不同,他们的关键差别在于:霍布斯并不相信古人已经发现了
宇宙的奥秘或者政治哲学的真理,这些真理是由他自己发现的。
霍布斯并不想把真理封存在寓言中,而是坚信,这些真理应该得到
公开传讲,才能实现预期的果效。正如他在《法律要义》中所言,除
非每个人都能持有真正的政治哲学所支持的意见,否则这种哲学
的全部益处是无法实现的。

霍布斯政治哲学的前两个版本《法律要义》和《论公民》都没
有实现这个目的。《法律要义》只是一本没有出版的手稿,用来
写书的逻辑形式是普通人难以接受的,只适合那些最为仔细,也
最有耐心的读者。而《论公民》是用拉丁文写成的,虽然这本著
作为霍布斯在欧洲大陆学者中赢得了良好的声誉,但仍然很难影
响普通人。正如他在《法律要义》中所说,这两部著作都可作为
大学课程的组成部分,间接影响公众的看法。但是,这种图景完
全依赖于主权者是否有意愿将霍布斯学说的教导强加给那些独
立思考的大学教师们,所以,想通过这种途径影响公众几乎是不
可能的。

在《利维坦》中,霍布斯多次用直白的话,再三建议在大学里教

---

① 《论公民》,致读者的前言(1646),第7页。

授自己的学说。他甚至说:"因此,我们便可以显然看出,对人民的教育完全取决于正确的教育大学中的青年。"①给人感觉是,霍布斯仍相信这个主张是真实的。然而,他不再愿意将希望完全寄托于在大学里教授自己的学说,这条路线风险太大。在《利维坦》第二部分最后一句话中,霍布斯反复思考这种可能:

> 这样一来我又恢复了一些希望,认为我这本书终有一日会落到一个主权者手里;由于它很短,而且在我看来也很清楚,所以他便会亲自加以研究,而不会叫任何有利害关系或心怀嫉妒的解释者帮忙;同时他也会运用全部权力来保护此书的公开讲授,从而把这一思维的真理化为实践的功用。②

如果某位君主全心全意采纳他的学说,并向年轻的学生们推举这本书,霍布斯会非常高兴。对于霍布斯来说,传播其政治哲学非常重要,不能听天由命。

《利维坦》的目标不同于霍布斯早期的政治哲学,至少在作品受众方面的确如此。他这本著作不仅要俘获那些"显贵之人以及那些能够作出意义重大的行动的人"。《利维坦》的目的远不只是捕获那些熟悉拉丁文的知识分子,而是要抓住更广泛的受众群体。值得注意的是,霍布斯曾在《法律要义》中用"白纸"比喻大学生的头脑,而在《利维坦》中,他用这个比喻来形容普通人:

> 至于一般人的脑子,除非是由于依靠有势力的人而受到影响,或是由于那些博学之士用自己的看法玷污了他们的心

---

① 《利维坦》,第 30 章,第 384 页(268);参照"综述与结论",第 728 页(580)。
② 《利维坦》,第 31 章,第 408 页(289)。

灵，否则便像一张白纸，适于接受公共当局打算印在上面的任
何东西。①

　　然而，公共当局有时并不对刻在普通民众头脑中的学说加以
规定，而是允许各式各样的学说争夺大众的关注，《利维坦》就是在
这样的时刻出版的。这本书的读者并不是一些特殊群体，而是普
通大众，或者是可以被劝说去阅读政治哲学著作的那部分大众。
正如霍布斯所言，这本书是供"那些正在仔细思考的人"阅读的，无
论他们是谁，也无论他们多么普通。② 虽说这是本哲学著作，但它
却面向广大公众，他的目的也是直接影响公众意见（而不是像《法
律要义》和《论公民》那样只试图间接影响公众）。这也许是政治哲
学史上首部为此目的而写的著作。

　　只有将这个目的存于脑中，我们才能发现《利维坦》的目的与
霍布斯早期政治哲学的目的不同。在《利维坦》中，最重要的目
的是用那些给人深刻、持久印象的语言，将霍布斯的政治哲学灌
输到读者头脑中，而不是展现这种学说的真理。完成《利维坦》
时，霍布斯写了篇短文，可以用其中一段话理解作者写作这本书
的意图：

　　　　但是正如人类想象已经寻得哲学门径，其同样已经为人
　　类益处带来了非常奇妙的影响。欧洲的文明与美洲的野蛮之
　　间的不同就在于，欧洲人更得益于人类想象的工作。但这并
　　非纯粹的幻想，而是由真正的哲学规则所引导的。在这些规
　　则如道德学说一样失败之处，想象作为建筑术，为哲学家们提
　　供了成功之道。想象于是承载起英雄般的诗篇……不仅要成

---

① 《利维坦》，第 30 章，第 379 页（263），比较第 76 页。
② 《利维坦》，综述与结论，第 726 页（578）。

为擅长处境化和关联化的诗人,还要成为打理安排相关问题的哲学家。这意味着要使其诗章的身体与灵魂,色彩与阴影都倾泻而出。①

霍布斯认为,"道德哲学的学说"已经失败了,这显然并不意味着哲学家们没有发现道德哲学的真理。他相信,自己已经发现了这个领域的真理。他的意思是,包括他自己在内的哲学家们,都还没有充分传达这些真理,没有将这些真理烙印在人的心中,以便教导他们按照道德规范行事。他的宣告是对自己先前政治哲学局限性的控告。只要稍加想象,就能在他最后的观点中将哲学家与诗人的位置颠倒过来,从而提出这样的建议,即致力于成为英雄般的政治哲学家的人也应在某种程度上扮演诗人的角色。

那么从文学角度看,《利维坦》可被看作一个循环的终点,该循环以视觉想象在创造心智印象方面的强劲有力与纯粹概念化命题在这个方面的虚弱无力之间的鲜明对照为出发点,从严格哲学论证的"枯燥话语",回归诗歌的"历历如绘"。现在可以肯定的是,《利维坦》服务于哲学而非历史,它的意图是与广大受众(而非精英受众)交流。在此意义上,这本书生动形象的语言并不存在真正的讽刺或悖论。② 的确,虽然霍布斯自己经常使用比喻,他还是谴责说:隐喻、含混不清的词句以及其他言说方式是严格推理和发现科学真理的障碍。③ 但如果《利维坦》的目的与其说是展示政治学说的真理,不如说是将这些真理烙印在人们脑海中,那么比喻以及许多在严格科学论证中毫无立足之处的文学

---

① 《答问》,第 49—50 页。

② 弗里德里克·惠兰,"霍布斯政治哲学中的语言及其滥用",《美国政治学评论》1981年第 75 期,第 59—75 页。

③ 《利维坦》,第 4 章,第 105 页(91);第 5 章,第 116—117 页(32)。

设计就大有用武之地。相比科学著作，《利维坦》更像一部修辞著作。如果说在早期政治哲学中，霍布斯允许科学目的支配政治意图，那么在《利维坦》中，这种支配或二者的优先顺序被颠倒过来了。写作这本书时，霍布斯首先是在执行政治行动，而不是从事科学研究。本书剩下的章节，我将对导致霍布斯这么做的理由和思考给出完整的解释。

第四章　人类的形象
——理性和迷信

位于霍布斯政治理论根基的是这样一个命题:对死亡的恐惧(在人们对死亡原因理性认知的指导下)如此有力,能使人抑制自己的自然欲望、虚荣心以及其他激情,以充分确保他们服从法律、命令,以及共同的主权者。以理性的方式摆脱死亡的臣民,他们的行为是主权者权力以及国家本身的终极基础,这个命题对《利维坦》的理论以及《法律要义》中霍布斯早期的政治哲学都非常重要。不过在《利维坦》中,霍布斯确实比其早期著作更强烈地意识到,畏惧死亡可能使人接受强迫,但却并不是主权权力的充分基础。他认为,主权权力还须得到公众对主权基础和权利的普遍承认。不过霍布斯一如既往反复强调对生命与死亡的强制力是任何主权者权力的必要根基,主权者最终必须依靠"对惩罚的恐惧"约束臣民,以"施行统治"。① 一位主权者的权力取决于臣民对惩罚(尤其是死亡这种终极惩罚)的恐惧,还取决于他们以理性的方式针对这种恐惧采取行动的能力。

---

① 《利维坦》,第 17 章,第 223 页(128);参照第 15 章,第 202 页(112),以及第 227—228 页(132)。

　　霍布斯认为,对形成主权者的权力而言,恐惧死亡是足够广泛、强而有力的动机。这是以《利维坦》和他的早期著作《法律要义》中两个严谨的理论命题为基础的:第一,人天生就是利己主义者,他们的行动都是为自己创造益处、逃避邪恶;①第二,死亡是最大的邪恶。这些命题不只是经验观察的事实,而是具有普遍性的陈述和理论假设,我们不能靠引用某个或者某几个反例推翻这类命题。因此,我们不能期待这些命题完美反映出人类实际的行为。霍布斯政治理论所论证的人类行为模型并非在每个细节上都与现实相吻合,他也没有任何理由对其命题不具有充分描述性而失望。人类行为的现实与霍布斯理论模型之间存在某些差异,这是不可避免。考虑到他的科学观,只要这种差异不是太离谱,也不会对他理论的应用构成结构性障碍,霍布斯就没有理由认为,这种差异是他理论真理性的瑕疵。

理性的人为性

　　实际的人类行为会以两种方式偏离霍布斯的模型。首先,有

------

①　在《利维坦的剖析》(*The Anatomy of Leviathan*)(第 115—121 页)中,麦克尼尔(McNeilly)认为,在《利维坦》中,霍布斯抛弃了早先所持的利己主义人性观。麦克尼尔认为,快乐不再像以前一样,当霍布斯在《利维坦》中分析欲望时不再扮演任何角色;利己主义的假设不再体现在他对怜悯和慈善等激情的定义中;他在《利维坦》中对"善"和"恶"的解释是相对的,而不是利己的,不像《法律要义》中给出的利己解释。然而,麦克尼尔后来也承认,"《利维坦》的一些段落,非常清楚地表达了一种利己主义的观点"(第 127 页)。事实上,这些段落和霍布斯早期作品中的任何一段一样普通、一样措辞强烈。因此霍布斯说,"在每个人的自愿行为中,目标是对自己有益的","所有人的自愿行为都倾向于对自己有利",以及"每个人的意志的适当目标,是一些对自己有益的东西"(《利维坦》,第 14 章,第 192 页,第 204 页;《利维坦》,第 25 章,第 303 页)。关于这个问题的其他论点,参见 cf. Gert, Introduction to *Man and Citizen*;David D, Raphael, *Hobbes* (London: Allen and Unwin, 1977), p. 54;John Kemp,"Hobbes on Pity and Charity,"in J. G. van der Bend, ed., *Thomas Hobbes: His View of Man* (Amsterdam: Rodopi, 1982), pp. 57—62。

些人可能根本不认为死亡是最大的邪恶。正如我们所见,霍布斯在《法律要义》中承认,至少有两种动机(分别是逃避屈辱的愿望以及对永恒诅咒的恐惧)有时候能够使人自愿接受死亡。然而,这些现象都取自孤立的观察,它们在霍布斯整个政治论述中没有任何作用。这本著作既没有明指,也没有暗示人类普遍都不畏惧死亡。大概霍布斯认为,这并不值得认真讨论。第二,即便是那些认为死亡是最大邪恶的人,也缺乏足够的理性和远见去避免这种邪恶。在《法律要义》中,霍布斯非常关注这种失败。他在这本著作中指出,这种失败的原因是理性的滥用,这使人们的思想受到蒙蔽,导致人们以反常甚至荒谬的方式对情势作出错误的估计。这种失败的后果令霍布斯非常不安,他曾认为臣民回应预期惩罚的威胁(尤其是死亡威胁)是主权权力以及公民秩序的最终基础。理性和修辞的对立构成了这本著作的核心主题,这表明霍布斯深刻关注,语言滥用会破坏人类行为的远见和理性,而这些都是国家赖以生存所必需的品质。

但正如我们所见,霍布斯也有乐观的注释。在《法律要义》中,他认为理性也是充满整个人性的普遍属性:"理性同激情一样,也是人的本质属性,这在所有人身上都是一样的。"①而霍布斯在《利维坦》中则完全没有这种论调。

在《利维坦》中,理性的概念与霍布斯早期的著作没有什么不同。"理性就是一种计算,也就是将公认表示或表明思想的普通名称构成的序列相加减。"②霍布斯与之前一样,将理性界定为计算或运算的能力,这与柏拉图式的理性概念形成了鲜明的对比。在柏拉图看来,理性是一种让人们洞见事物本质的超越能力。但是霍布斯并不认为理性是所有人共享的天赋,而是一种后天习得的

---

① 《法律要义》,I.15.1,强调已加。
② 《利维坦》,第5章,第111页(28)。

技能。普通的慎虑这种人类和动物所共有的智能是出于本性的，因为这种能力"只需生而为人、活而用其五官、更无需他物就可以进行心理活动了"。但理性像所有其他智能那样，必须"通过勤勉和学习得到增进"。[1]

在《利维坦》中，霍布斯非常强调理性这种后天习得的特征。当他开始讨论理性的基础（也就是言辞）的时候，并没有像《法律要义》中那样，对作为理性基础的言语类型和功能进行哲学分析。相反，霍布斯是以历史阐释开始，并强调语言的人工特性。[2] 他将语言称为最高尚、最伟大的发明。霍布斯对语言的历史起源非常感兴趣，他讨论了《圣经》中的巴别塔，即历史上人们失去相互交流能力的事件。他在介绍建立在理性基础之上的科学观念时，也同样强调这点：

> 理性不像感觉和记忆那样是与生俱来的，也不像慎虑那样是从经验中得来的，而是通过辛勤努力得来的。其步骤首先是恰当地用名词，其次是从基本元素——名词起，到把一个名词和另一个名词连接起来组成断言为止这一过程中，使用一种良好而又有条不紊的方法……直到我们获得有关问题所属名词的全部结论为止。这就是人们所说的科学（学识）。[3]

在《法律要义》中，霍布斯已经对科学和慎虑作了区分。只是那时，他的区分仅基于两种官能的不同认知能力。在《利维坦》中，他将理性视为后天习得的能力，而慎虑仍是人与生俱来的能力，这个观点将二者的区分带到了新的层面。

在 1640 年写作《法律要义》的时候，霍布斯可能已经将理性视为一种后天习得的技能。我们强调，《利维坦》中霍布斯将理性当作

---

① 《利维坦》，第 3 章，第 98 页(16)。

② 《利维坦》，第 4 章，第 100 页(18)。

③ 《利维坦》，第 5 章，第 115 页(32)。

后天的或人为的能力,这是一种新观点,但我们并不是说他在之前没有发现这个特征。而只能说,霍布斯之前并不认为理性的后天性或人为性这个特征,对于他的政治理论具有足够的重要性,他并不认为这个特征值得在《法律要义》中得到关注。不过在《利维坦》中,理性的习得性特征得到了特别关注。[1] 霍布斯此时注意到,对他的政治理论而言,理性的习得(或后天)性是需要重点关注的特征。

人们无法确切知道,究竟是什么使霍布斯的观点发生了这种变化。但我们有理由推测,英国 17 世纪 40 年代初的政治动荡、内战以及国王失败后议会混乱的统治时期,使得霍布斯开始重新审视自己早先对人类理性过高的估计。他根本没有办法将那个时期人们的行为解释为理性行为。

这些事件究竟是不是霍布斯重新审视自己理性观的原因,这对理解他的理论其实也没有重大影响。重要的是认识到,这种新观念对他的政治理论基础产生的影响。这种影响显然是颠覆性的。在《法律要义》中,霍布斯认为修辞是实现理性的巨大障碍,他那时仍然相信,理性是一种自然的能力,而明理是人类心智的自然状态。修辞则是对理性的扭曲。要消除这种扭曲,人们必须清除语言滥用,以防扭曲理性。但这种思路在《利维坦》中已经是不可能的了,《利维坦》中的理性不是自然的,而是后天习得的,也就是人为的。霍布斯小心翼翼地指出了决定人类是否能够习得理性的原因,并指出培育出理性的人与那些缺乏理性的人之间的区别。[2] 有种认识颠覆了霍布斯的政治理论,即,许多人实际上并不具备理

---

[1] 有人可能会反对,说霍布斯在《利维坦》中频繁使用"自然理性"这个短语。但是这些例子并没有给目前的论点带来困难。当他使用这个短语的时候,霍布斯通常反对"自然的"和"超自然的",而不是反对"人造的"或"后天的"。因此,他认为人们可以从"超自然的启示"中学到很多东西:一个人确实可以从上面的许多事情中得到启示,但没有什么是违背自然理性的。《利维坦》,第 12 章,第 180 页。

[2] 《利维坦》,第 8 章,尤其第 134—145 页,第 138—139 页(中译本具体页码区间不详,参照中译本整个第 8 章的内容)。

性的能力,这个认识给霍布斯政治理论的基本前提带来了挑战。
因为这样的人将无法按照霍布斯政治理论所要求的那样,去追逐
自我利益。《利维坦》中充斥着霍布斯的怀疑,正如他诙谐反讽地
评论道:"自我保存这种知识……远远超出了人类所拥有的。"([译
按]为遵循英文原文,此处对中译本的语词顺序略作了调整)①

畏惧死亡?

　　人类是否有足够的能力根据理性指引来塑造自己的行动?
《利维坦》的论述显露出霍布斯对这点充满了怀疑。这本著作也揭
示了霍布斯扭转乾坤的预设,即畏惧死亡是如此强大的动机,人们
可以依靠这种激情来驯化其他激情,引导人接受政治权威的束缚。
这个预设对《利维坦》的政治理论非常重要,就如其对霍布斯早期
政治著作的价值一样。他在书中简明扼要地对这种重要性作了总
结:"可以指靠的激情是畏惧。"②霍布斯认为,恐惧(尤其是对死亡
的恐惧),是促使人们受政治权威的动机。这种恐惧能使君主以自
己所能支配的最终惩罚(也就是死亡)行之有效地威胁臣民,所以
这种激情也是君主有效控制臣民行为的终极基础。
　　但在《利维坦》中,霍布斯对恐惧,以及这种激情和政治论证
之间关系的讨论,要比他的其他著作复杂得多。霍布斯的确就
"对死亡的恐惧"谈了很多,但他也不得不提及人们对很多其他
事物的恐惧。尤其是,他把大量的注意力都放在人们对幽灵以
及不可见之物的恐惧上,这些内容在《法律要义》中都很少提及。
这类恐惧对于《利维坦》如此重要,以至于我们怎么强调都不
为过。

---

① 《利维坦》,第 2 章,第 87 页。
② 《利维坦》,第 14 章,第 200 页(107)。

霍布斯清楚地表明,他相信人们对幽灵的恐惧是建立在纯粹无知和迷信的基础之上。因此,他认为:

> 因为凡是胆小和迷信的人,平日又被所听到的鬼故事缠糊了,即使在完全清醒的时候,如果独自一个人在黑地里,便也会产生同样的幻觉,自以为看见了幽灵和鬼魂在墓地里徘徊;其实这不过是他们的幻觉而已,否则就是有人作奸犯科,利用这种迷信恐惧心理夜晚化妆外出,到人家不易识破其出没的地方去捣鬼。①

"无知愚民对神仙、鬼怪、妖魔和女巫魔力的看法"的基础是"不知道怎样把梦境以及其他强烈的幻觉跟视觉和感觉区别开来"。所有这些幽灵实际上都是人类生动的、放荡不羁的想象力所创造出来的奇妙事物。"这种迷信式的对幽灵的恐惧"就其基础而言,完全是出自人们的想象。

然而,纵使这种恐惧的基础是人们的想象,也不足以驱散这种恐惧。在由此而产生的社会制度中,这种恐惧的事实与力量显而易见。它们构成了"过去绝大部分异教"的基础,以及(对不可见的事物的畏惧便是)"每个人自己称作宗教的自然种子;还有人不用这种方式敬拜或畏惧这种力量,它在这些人身上便成为迷信的自然种子"。② 霍布斯也注意到,古代的政治领袖也利用这种恐惧来维持对臣民行动的控制。③ 尽管人们畏惧幽灵不过是出于想象,但这种恐惧所产生的效果确是非常真实且惊人的。

事实上,对这些事物的恐惧影响如此之大,以至于霍布斯将这种恐惧与对死亡的恐惧等而视之。在他总结恐惧对自己政治理论

---

① 《利维坦》,第 2 章,第 92—93 页(10)。

② 《利维坦》,第 11 章,第 168 页(78)。

③ 《利维坦》,第 12 章,第 177—178 页(57)。

重要性的那段论述中,他表明:"可以指靠的激情是畏惧。这种激情有两种十分普遍的对象,一种是不可见的神鬼力量,另一种是失约时将触犯的人的力量。"①霍布斯继续写道,人们通常对其他人的恐惧大于对神鬼的恐惧。但他敏锐地意识到,反过来的情形也可能是真的。有时候"对黑暗和神鬼的恐惧比任何其他恐惧都大"。②

霍布斯认为,对死亡的恐惧完全是理性的,这个假设是他政治理论的基础。避免死亡,以及平息这种恐惧的欲望,导致人们屈从于政治权威。这种欲望的合理性或合法性是他观点的基础。即使在人们成为国家成员之后,所有人也都保留了他们维护自己自然权利的内核。霍布斯认为,避免死亡的欲望如此合理,以至于可以成为正当借口,允许臣民拒绝服从君主征召、奔赴战场。③ 他还认为,对死亡的恐惧是任何人完全不触犯法律的充分理由:"如果一个人是由于眼前对丧生的恐惧而被迫做出违法的事情,他便完全可以获得恕宥,因为任何法律都不能约束一个人放弃自我保全。"④在霍布斯的政治理论中,对死亡的恐惧不仅是合理的或可接受的论据,也是他为主权者范围辩护的基础,更是他关于臣民不可减损其自由这一观点的依据。

相比之下,对鬼魂的恐惧则是无知和迷信的产物,所以这种恐惧可以被称为彻头彻尾的非理性恐惧。对死亡的恐惧以及对鬼魂的恐惧(这组贯穿《利维坦》整个政治理论的系统对立)同样是理性臣民与非理性臣民之间的对立。理性的臣民会服从于霍布斯所设计的以畏惧肉身刑罚(尤其是对死亡)为基础的国家,而非理性的臣民则会拒绝服从以之为基础的国家。

---

① 《利维坦》,第 14 章,第 200 页(107)。
② 《利维坦》,第 29 章,第 371 页(257)。
③ 《利维坦》,第 21 章,第 269—270 页(172)。
④ 《利维坦》,第 27 章,第 345 页(234)。

迷信与魔法

《利维坦》的第一部分"论人（类）"是关于人性或心理的论著。霍布斯宣称，他已经展现"一个人的思想感情与别人的相似"。①为此，他着手处理感觉、想象、言辞、理性与科学，普遍意义上的智慧之德、意志以及人类最基本的激情。但这种对人性的描述与他在《法律要义》中所给出的描述相比，二者存在本质的不同。《利维坦》的描述贯穿着霍布斯早期著作极少涉足的中心主题，这就是无知、迷信、魔法与理性、科学之间的截然对立。

《利维坦》的第一章和第二章表面上是在解释感觉和想象（霍布斯将想象解释为渐次衰退的感觉。）②但在开始的时候，霍布斯说这些主题"对目前的讨论来说并不十分必要"。③ 他的真正目的与其说是揭示感觉的本质，不如说是探索感官知觉产生的幻觉。在这些简短的章节中，他用了很多的篇幅来讨论梦和幻觉，以及所有那些容易欺骗人、加剧人们无知、使人迷信的事物，这些事物都是人想象出来的。《利维坦》的第四章和第五章的主题是言说、推理和科学。第四章既关注语言的使用，也同样重视语言的滥用。该章的第一段末尾讽刺了"经院学派所用的其他无意义之词"④。几段之后，霍布斯以冗长的言辞警示读者说，当人们没有遵循正确使用语言的规则时，他们的言说就会产生荒谬的后果。该章最后几个段落又再次抨击了经院哲学家，他们是霍布斯最乐于嘲讽的对象，霍布斯说他们"无意义的声音代替了有意义的言说"⑤。第五章"论推理和科学"延续了这种模式，霍布斯在这里不仅关注理

---

① 《利维坦》，引言，第 82 页（2）。

② 《利维坦》，第 2 章，第 88 页（7）。

③ 《利维坦》，第 2 章，第 88 页（4）。

④ 《利维坦》，第 4 章，第 101 页（19）。

⑤ 《利维坦》，第 4 章，第 108 页（26）。

性,也关注错误、荒谬和紊乱的推理。

　　这种模式同样出现在第八章"论一般所谓的智慧之德以及其反面的缺陷"。该章的前几页讨论了天生的智慧与后天习得的智慧二者之间的差异,并且分析了导致部分人比其他人更加擅长推理的原因。但这只不过是对疯癫的初步讨论,围绕这个主题的论述占据本章大部分篇幅。在《利维坦》论人性的第一章中,霍布斯沉迷于分析人类想象、言说与推理误入歧途的种种路径。正是这种对人类能力的错误使用,造成人们的无知、迷信以及对魔法力量的信仰。

　　霍布斯对想象与理性失败的讨论,不只是对人性进行冷静审视的产物。这表明,霍布斯对无知、迷信以及魔法的相应政治后果予以深切关注。对霍布斯而言,迷信和魔法构成了一个完整的思想世界,那是一个与知识和科学的理性世界形成鲜明(同时也是沮丧的)对照的世界。他现在发现,人们可以从两种本质上不同的视角来看任何自然现象。人们要么从科学的视角看待自然现象,参照事物真实或可能的原因来理解这些现象;他们也可能从魔法的角度来看待这些现象,对它们给出神乎其神的解释,但这些解释都是虚假的。

　　人们会以玄妙莫测的视角来观察任何现象。经院哲学家传授亚里士多德那种感知与运动的观点,霍布斯认为,那种观点就属于奇妙莫测的虚假解释。为了解释视觉现象的原因,经验哲学家们设想了一种"可视素",当这种要素传递到眼睛时,就产生了我们所说的视觉。为了解释听觉,他们发明了"可闻素"或"被感知的可闻存在"。为了解释理解,他们设想了一种"可理解素"或者"被感知的可理解存在"。霍布斯认为,将神秘的拉丁术语"素"翻译成英语中对应的词"被感知",就足以表明这些所谓的"解释"是荒谬、愚蠢的。①

　　霍布斯同样蔑视经院学者对运动的看法,他认为,他们所提供

_____

① 《利维坦》,第1章,第86—87页(5)。

的那种解释总带着拟人化的色彩，无可救药。他们认为人们在运动后产生疲倦、痛苦，这种厌倦是对运动的自然反应；因此经院学者们把运动归因于身体而非他们自身。这种推理使他们通过"寻求休息并在最适当的位置上保持其本质的欲望"来解释重物的下降。① 但霍布斯认为，相信无生命的物体有欲望，以理解其保护本性的需求，这是荒谬的。霍布斯将这种经院式的观念与伽利略的惯性与运动的观念对立起来，反对这类对科学所作的荒诞不经、不可思议、虚妄错谬的解释。在《利维坦》中，霍布斯对经院哲学的攻击是一个更大主题的一部分，即：无知、迷信及魔法，和知识、理性与科学之间的对立，这个对立贯穿他的整本著作。

二者间的对立在霍布斯对疯狂的讨论中表现得最为明显：

> 古往今来，世界上对疯狂的原因的看法总共有两种。有些人认为是由激情产生的，另一些人则认为是或善或恶的鬼或精灵造成的，他们认为这种鬼或精灵会进入人体、缠附其身，使他的器官像一般疯人常见的情形一样，发生奇特而怪异的运动。②

人们充分阐发了这两种观念，形成了两种截然相反的观点。在第一种观念中，疯狂的人不过是疯子，他们要么是激情过度，要么患有某种紊乱。在第二种观念中，他们要么是被魔鬼或幽灵附身的人，要么是被上帝的圣灵所附身的先知。希腊人通常认为疯狂是欧墨尼得斯③、复仇女神或者其他神祇搞的鬼；罗马人也持有

---

① 《利维坦》，第 2 章，第 87 页(6)。

② 《利维坦》，第 8 章，第 142 页(56)。

③ ［译注］欧墨尼得斯(Eumenides)是希腊神话和罗马神话中专司复仇的三女神，由不安女神阿勒克图(Alecto)、嫉妒女神墨拉(Megaera)、复仇女神底西福涅(Tisiphone)组成。《欧墨尼德斯》(Eumenides)是埃斯库罗斯的系列悲剧《俄瑞斯忒亚》(Orestes)三部曲的第三部。故事背景是阿伽门农王在特洛伊战争后返回家乡，被王后克吕泰墨斯特拉(Clytaemestra)和堂兄弟埃吉斯托斯(Aegisthus)合谋所杀。

类似的观点。这些观点不足为奇,因为这两个民族的异教想象力中充斥着各式各样的神魔鬼怪。

霍布斯认为更令人惊讶的是,古代犹太人也有类似的观点,认为疯狂的人要么是恶魔,要么是先知;他们要么被邪灵所附身,要么被良善的灵占据。犹太人相信独一的上帝,他们认为犹太人的伟大领袖们从来没有假装被某种灵附体。霍布斯认为只有一种解释能说明,人们为什么轻信那种对疯狂的荒诞解释,这是因他们"缺乏穷究自然原因的好奇心"。① 换言之,犹太人所作的解释完全没有受科学志趣或者任何知识所激励,他们寻求解释总是为了满足自己眼前的欲望。

霍布斯认为,对疯狂的神魔解释尽管荒谬,但这种解释本身就是一种疯狂。② 它使那些轻信的人麻痹,使他们认为这类现象完全超出了人的控制。任何一个能洞察疯狂真实本质的人,如果他可以运用自己的诊断,就会脱离这种无知荒诞,从而得到治愈,正如霍布斯讲述的那个古老故事所说的:

> 类似的癫狂在另一个希腊城市也发生过,那次发癫的只有少女,其中许多人都自缢而死。当时大多数人都认为是妖魔作怪,但有一个人怀疑她们轻生之见可能是由于心灵的某种激情而产生的,并不认为她们不会连自己的名誉也不管不顾;于是便向当政者献策,剥光自缢之人的衣服,赤裸裸地挂在外面示众。据说这样一来就把那种狂态治好了。③

但有些人一直沉迷无知、迷信和疯狂的荒诞解释。霍布斯认

---

① 《利维坦》,第 8 章,第 144 页(58)。
② 《利维坦》,第 8 章,第 146 页(60)。
③ 《利维坦》,第 8 章,第 142—143 页(57)。

为,这种兴趣藏在经院哲学那些荒谬要理的背后。很多人无疑已经"误解了自己死背下来的话",陷入了这种荒谬。但还有人则是"有意想用晦涩的话来欺骗世人"。① 这些人可能不是疯子。他们洋洋洒洒的著作和言论看起来很疯狂,但实际上却是出于狡猾、设计,正是为迷惑他人、欺骗他人,从而控制他们。正如霍布斯所说,"当人们连篇累牍地写些这样的东西时,他们难道不是发了疯或者想使人家发疯吗?"②

两种人类模型

霍布斯经常重申自己的利己主义的前提,这清楚表明他持续相信,每个人自主行动的最终原因,经常是对自身有利的那些事物。但霍布斯也认为,人类行动的有效原因,也常常是一些信念或者意见。

> 因为即使是最平庸的人也能看出,人们行为的根源,是他们对于这种行为究竟将为自己带来什么样的好坏结果所抱有的看法。③

> 根据天性说来就必然会选择自己认为最好的一面。④

很多时候,用来说明人类行动的其实并不是真实的益处,而是那些看似有益的东西(也就是表象)。这种表象是他们关乎这个世界的信念和意见。

---

① 《利维坦》,第8章,第146页(60)。
② 《利维坦》,第8章,第147页(61),强调已加。
③ 《利维坦》,第42章,第567页(436);参照第27章。
④ 《利维坦》,第27章,第339页(229),强调已加。

霍布斯利己主义的人论是《法律要义》主题(逻辑与修辞的截然对立,以及抨击修辞是对语言的滥用)的基础,修辞会误导人们认识自身最佳的益处。在《利维坦》中,霍布斯对非理性以及混乱原因的诊断,要比早期著作复杂得多。那些狡猾的修辞学家为自己的目的操纵他人,这肯定是重要因素,但最本质的问题是塑造人类想象的那些迷信、神奇的信念。这些信念可不只是狡猾的修辞学家捏造的,它们是从人们对未知事物的恐惧中自然涌现的。

> 对自然原因无知时,人容易轻信,以致许多时候对不可能的事情也相信……这样说来,无知本身虽然不带恶意,但却能使人相信谎言而又加以传播,有时还会编造出谎言来……还有些人很少或根本不探求事物的自然原因,然而由于不知道到底是一种什么力量可以大大地为福为祸,这种无知状态本身所产生的畏惧也使他们设想并自行假定有若干种不可见的力量存在,同时对自己想象出来的东西表示敬畏,急难时求告、称心遂意时感谢,把自己在幻想中创造出来的东西当成神。①

霍布斯认为,非理性的种子深深根植于人性,相比《法律要义》,霍布斯在《利维坦》中对这点显然更加确信。在早期著作中,语言滥用是非理性现象的源头。但在《利维坦》中,这些滥用只是非理性的次要来源。非理性实则根植于人性的黑暗面,用霍布斯的话说,我们很难将非理性完全驱逐出自己的本性。②

虽然人们对于如何实现那个公认的目标(也就是人们的自我

---

① 《利维坦》,第 11 章,第 166—168 页(78)。
② 《利维坦》,第 12 章,第 179 页(89)。

保全)缺乏有效的知识,但这也不是《利维坦》所描述的非理性的唯一后果。非理性的重要表现是,人们不把死亡当成万恶之王。在《法律要义》中,霍布斯并不认为这对他的政治理论来说是个严重的问题;但在《利维坦》中,他非常清楚地表明,非理性可以如此严重地使人转离(包括自我保全在内的)人类天性规定的目的。这种疯狂与曾在古希腊城邦引发年轻女性自杀流行病的那种疯癫一模一样。

在《法律要义》中,霍布斯认为,人类行为的模型本质上是利己主义的理性行为,他并没有说人类行为的现实总是符合这种模型。但他确实认为,这种模型与现实之间存在差异的唯一重要的原因是:人类未能准确、冷静地预见实现自我保全与自身益处(这是人类本性所赋予他们的目的)的方式。他似乎是说,人们之所以不能追逐这个目标,主要是因为不知道实现这个目标的全部方法。在《利维坦》中,霍布斯再次重申,人类行为在本质上是利己的理性行为。但是他也同时认为,至少在某些处境中,人是无知、迷信的。他们不仅对于世界缺乏了解,甚至都不太了解如何在这个世界中实现自身利益。

逻辑与修辞之间的对立,以及对语言的合理使用与语言滥用之间的对立,是《法律要义》的中心主题;但这个主题在《利维坦》中让位于知识、理性、科学与无知、迷信、魔法之间的对立。我们可以从霍布斯对人类本性目的的不同解释中,发现这两本著作之间的关键区别。在《法律要义》中,霍布斯是在关于"人们如何通过语言塑造其头脑"的章节中解释人类本性的目的。这章的主题是修辞,以及逻辑与修辞、真实教导与纯粹说服之间的对比。在《利维坦》中,霍布斯是在"论品行的差异"与"论宗教"两个章节中阐明这个主题。在"论品行的差异"中,霍布斯一再提到无知与无知对人类行为的影响。在"论宗教"中,霍布斯讨论了基督教和异教。他非常明确地指出,无知、迷信和魔法正是异教的东西。与此同时,他

也认为,基督教同样无法完全摆脱这类缺陷:

> 在同样的方式下,他们还把自己的命运归因于旁观者,归因于地方的吉利与不吉利,归因于如像女巫施法请神时念的咒那样的言辞(当话中包含着上帝的名时尤其如此),以致相信这一切有一种魔力,可以变石头为面包、变面包为人,或者是把任何东西变成任何另一种东西。①

在《利维坦》中,霍布斯对自然状态的论述展现出这样一幅图景:所有人都无知、迷信、容易受骗。他们根本没有意识到,自己感到畏惧的无一例外都是他们想象出来的东西。

对霍布斯《利维坦》的政治哲学而言,这种广泛的对立(理性和非理性,科学和迷信,对人的恐惧和对人想象的灵的恐惧)具有怎样的重要性? 近年来,一些评论者提出,霍布斯对普遍无知与迷信力量的认识,导致他放弃了最初的政治哲学计划,也就是一种建立在臣民理性行动基础之上的国家。这些臣民是利己主义者,支配他们行动的是追求利益以及远避邪恶,他们尤其要逃避最大的邪恶,也就是死亡。畏惧死亡(最大的邪恶)在本质上是理性的,畏惧那些灵则是迷信的。霍布斯讳莫如深地承认,前面那种理性的恐惧永远无法为真实世界中的国家提供足够的激励。在现实世界中,人们过于无知、迷信、容易受骗,与那种纯粹的理性利己主义者不符,同具有自我把持能力的抽象人类模型没有明显的相似之处。主权国家对臣民生活的强制力不足以使他们感到敬畏,他们必须相信主权者也有超自然的力量,能施加大过死亡的惩罚,能给予优于生命的奖赏。因此在《利维坦》中,主权权力的最终基础并不是

---

① 《利维坦》,第 12 章,第 172 页(82)。这段经文中提到天主教的变体说的教义,这是霍布斯在整个章节中提到基督教的典型例子。

对死亡的理性恐惧(这种理性受到对避免死亡所需要行动的认知所引导)。毋宁说,主权权力最终取决于超自然的信仰、神话和幻想。所以一个安稳的国家与一个脆弱、不稳定的国家之间的区别在于:在主权者能巧妙利用(无知滋生的)超自然力量信仰的区域,人们因而会拥有一个安稳的国家。而在这些信仰肆无忌惮,或者(更加严重的是)被某个主权者以外的人或权力拥有或控制的区域,国家永无宁日。①

这个解释虽力求标新立异,但却忽视了霍布斯自己用明白的话语维持的对立(就是在科学与迷信,在对死亡的理性恐惧与对人们所想象的诸灵的非理性恐惧之间的对立)。霍布斯的确承认,有些古代的主权者想方设法利用臣民对迷信的恐惧,"使人民服从及和平相处"。② 我们也曾在《论公民》中看到,在霍布斯回顾的黄金时代中,主权者们就是这么做的。黄金时代政治社会存续的基本条件是:高级祭司阶层垄断对教义以及对道德和政治哲学的教导,祭司们将这些教导包裹在寓言中,避开普通臣民的审查。但是霍布斯并不相信人们拥有复兴黄金时代的条件。在《利维坦》中,霍布斯认为,因迷信而导致的对诸灵的恐惧如果足够强大,就会对任何国家构成真正致命的威胁。正如霍布斯所说,这种迷信"就可以诱使头脑单纯的人誓死不屈地顽抗世俗主权者的法律或命令",③破坏了主权权力的终极基础,也就是主权者根据自己权利决定臣民生死的控制力。

---

① 查尔斯·塔尔顿,《政府的创建与维持:霍布斯的〈利维坦〉为人忽视的维度》,《政治研究》第 26 期,1978 年,第 307—327 页。埃尔顿·艾森纳赫,《自由主义的两个世界:霍布斯、洛克和密尔笔下宗教与政治》,芝加哥和伦敦:芝加哥大学出版社,1981 年版,第 13—71 页,尤其是第 15、47、7 页。埃尔顿·艾森纳赫,《霍布斯论教会、国家和宗教》,《政治思想史》第 3 期,1982 年,第 215—243 页,尤其是第 216、224—225 页。

② 《利维坦》,第 12 章,第 177 页(87)。

③ 《利维坦》,第 47 章,第 707—708 页(563)。

这就是为什么霍布斯在《利维坦》中如此关注迷信,这也是为什么迷信能够对政治制度构成如此强烈的威胁。霍布斯没有主张说,君主对其臣民生命(和死亡)的真正力量应该辅之以他们对超自然信仰的敬畏。这种信念只会颠覆他所设计的国家,这样的国家只能建立在臣民理性行动的基础之上,这些臣民既受追逐对自己有益的愿望所驱使,又清楚了解避免死亡的重要性。霍布斯在这本书最开始的部分用非常明确、毫不含糊的话表述自己的结论:

> 如果能消除这种鬼怪的迷信恐怖,随之又将占梦术、假预言以及那些狡猾不轨之徒根据这些搞出的愚弄诚朴良民的许多其他事情予以取缔,那么人民就会远比现在更能恪尽服从社会的义务。①

从根本上来说,迷信和魔法与臣民的服从密不可分,与主权者的权力关系密切。霍布斯在《利维坦》中认为,在所有与国家和平背道而驰的力量中,迷信和魔法这类要素最具破坏性。

霍布斯将对死亡(以及那些能够造成死亡之人)的理性恐惧与对假想精灵的非理性恐惧对立起来,是为了说明,无知和迷信的心灵状态为假想的恐惧提供沃土,必须尽可能铲除这种心灵状态,确保国家安全。假设霍布斯在写作《利维坦》时,认为无知和迷信可以完全从人类本性中根除,这种假设是愚蠢的,就好像说他认为有可能从自然语言中清除语言滥用一样,完全难以置信。但在《利维坦》中,霍布斯的思考方向和他在早期著作《法律要义》中的思考方向基本相同。在那部早期著作中,霍布斯之所以反对修辞,是因为修辞会鼓励语言的滥用,往往会扭曲人们的思想,使人无法顺从与生俱来的欲求,难以根据对自我利益的远见卓识而行动。因此必

---

① 《利维坦》,第 2 章,第 93 页(11)。

须消灭这些滥用语言的行为,或至少应严厉劝阻这类行为。在《利维坦》中,霍布斯将无知、迷信与理性对立起来,认为这些激情本质上不利于人们对和平的关注。他根据这种诊断开出的药方也很好理解:应该竭尽所能从人类文化中清除这些疤痕,使所有国家建立在理性之上,确保它们根基稳固。

尽管两本著作在思考的方向上类似,但它们对非理性所作的诊断存在两个主要的区别。首先,《利维坦》中描述的非理性后果比《法律要义》中更为严重,也更加根本。在早期著作中,霍布斯认为错误的估计会导致人们以错误的方式达到目的;在《利维坦》中,他指出非理性会诱使人们误解这些目的的性质。第二,他对非理性的原因或根源的描述,比他早期的政治理论更加深刻。在某种意义上,霍布斯的后期著作显得更加悲观。在《法律要义》中,他指出语言滥用是人们作出错误估量的主要源头。在《利维坦》中,霍布斯继续批评这些滥用的行为,但他认为对超自然事物的非理性信仰根植于人类本性。《利维坦》与《法律要义》的思考方向非常相似,但相比首次写作政治哲学的时候,霍布斯对自己工作和(为达政治目的必须克服的)阻碍在广度和深度方面的认识要深刻得多。

第五章　理论与实践
——启蒙的政治学

　　霍布斯的《利维坦》不只在语言上生动活泼，与他早期政治著作最为不同的地方在于，这本书花了很大篇幅细致入微地关注《圣经》解释和神学论证。《法律要义》共有二十九章，霍布斯用了两个章节来讨论宗教和政治权威之间的潜在冲突。在《论公民》中，霍布斯扩充了这类讨论，他用四个章节讨论宗教问题，并将其放在书的末尾。即使这类论述的作用更加重要了，但《圣经》和宗教问题在霍布斯的著作中很显然还只是一个从属性的主题。在《利维坦》中，这些主题的地位与霍布斯早期著作中非常不同。霍布斯在《利维坦》讨论人类本性问题的末尾，用一个新的章节谈论宗教。他把这个章节放在一个关键位置，就是在讨论自然状态（国家得以产生的初始状态）之前。在《利维坦》的四个部分中，第三个部分，也是最长的部分，几乎完全是对《圣经》的解释，而这本书的第四部分主要是诊断人们对"灵"的错误认识。简言之，与其他问题（包括霍布斯对国家的论述）相比，灵与宗教的问题占据了《利维坦》更大的篇幅。

　　霍布斯将这些新的论述引入他的著作，这意味着什么？这些论述与该书第一部分和第二部分详细阐述的政治问题有什么关系？迄今为止，评论还没有很好地关注这些问题。传统解释认为，对霍布斯的政治哲学来说，《利维坦》第三部分和第四部分的神学观点无论多么有趣，都没有真正的意义。根据这种解释，那种哲学的基础完全是自然主义的。霍布斯通过分析人性，尤其是对激情及激情对社会交往的影响的分析，提出自己的政治观点。他并不按照中世纪早期以来政治哲学家的惯例，从神学预设中推出结论。从这种观点来看，《利维坦》中涉及的神学论辩似乎只是附属品。这些论辩致力解决的是地方性的问题和暂时性的问题，这与霍布斯政治哲学更为持久的问题形成了鲜明对比。[①] 虽然这种解释的很多追随者认为霍布斯的神学论证只是装饰，旨在使他的学说被基督教国家所接受，但批评者们一致认为，《利维坦》的神学是对霍布斯真诚宗教信仰的阐述。[②] 雷蒙德·波林尽可能清晰有力地阐明了这种解释的本质，他认为，霍布斯的神学是叠加在政治哲学上的，在任何意义上都不应被认为是他政治哲学的组成部分。[③]

数年前，这种解释遇到了强有力的挑战，主要是因为霍华德·沃伦德对霍布斯的义务理论进行了全面细致的研究。沃伦德认为，霍布斯义务理论的核心概念是自然法。自然法则是人类所有义务的基础（包括对主权者的义务），从这个意义上来说，自然法为所有的习惯法和民约法提供了基础。但他认为，这些自然法则只有作为神圣意志的表达，才是可理解的。此外，服从自然法的义务必须先于、并且独立于所有从中衍生出的义务。如果我们对上帝

① 雷蒙德·波林，《霍布斯的政治哲学》；施特劳斯，《霍布斯的政治哲学》；奥克肖特，《霍布斯论公民联合》，第 48 页。施特劳斯在他后来的文章中采取了一种多少有点迥异的观点，参见《论霍布斯政治哲学的基础》，载《什么是政治哲学?》，伊利诺伊州格伦科：自由出版社，1959 年版，第 170—196 页。
② 保罗·约翰斯顿，《霍布斯的圣公会救赎教义》，收录在拉尔夫·罗斯、赫伯特·施耐德和西奥多·沃尔德曼编辑的《托马斯·霍布斯的时代》，明尼阿波利斯：明尼苏达大学出版社，1974 年版，第 102 页—125 页。
③ 雷蒙德·波林，《霍布斯、上帝和人》，巴黎：法兰西大学出版社，1981 年版，第 61 页。

的制裁只字不提，就无法理解这种义务。任何义务都不可能行之有效，除非受义务约束的人有足够动机去服从它们。唯一足以证明人类有义务遵守自然法则的动机是由上帝的救赎提供的。因此，上帝的意志和制裁的神学观念是霍布斯整个政治哲学的基础。在这个意义上，霍布斯政治理论的基础归根结底是神学的，而不是自然主义的。[①]

沃伦德和其他倡导这种修正主义解释的人对霍布斯政治论述的结构提供了很多新的洞见，其中有些洞见已经被证实是对传统霍布斯研究有价值的矫正。但是他们说霍布斯论证的基础是宗教或神学的，而非自然主义的，这种观点并不令人信服。我们不难界定混淆的根源，这种修正主义解释的拥护者将注意力集中在霍布斯政治哲学的法律概念和语言上。他们这么做，迫使传统自然主义观点的捍卫者比过去更加严肃地对待这种语言。但与此同时，修正主义者却倾向于忽视行为性的语言和因果性的语言（而这也是霍布斯政治论述的组成部分），因此低估了这个维度对霍布斯政治哲学的重要性。在很多地方，这个维度表现为霍布斯把自然法描述为理性命令，或描述为什么有助于保护和捍卫自身的理论。[②]

最奇怪的是，这种修正主义的倡导者几乎没有使用霍布斯自己在《利维坦》第三部分和第四部分神学论述中提供的大量证据。尽管他们声称霍布斯的神学观与宗教信仰对政治哲学非常重要，但这些修正主义者似乎早已默认或明确接受了传统的观点，也就是《利维坦》的这部分内容不太重要。[③] 虽然修正主义者假设霍布斯的神学观是整个政治哲学的组成部分，甚至是实际的基础，但就

① 霍尔德·沃伦德，《霍布斯的政治哲学：义务理论》，牛津：克拉伦登出版社，1957 年版，尤其是第 99—100、272—277 页。

② 《利维坦》，第 15 章，第 216—217 页(109)，强调已加。

③ 关于这一点，除沃伦德外，还可以参考 F. C. 胡德，《霍布斯的神圣政治》，牛津：克拉伦登出版社，1964 年版，尤其是第 252 页。

霍布斯的神学论述而言,他们实际上比自己的对手(也就是传统解释)更没有什么要说的。

直到最近,一群新的学者开始矫正这个疏漏。相比早期评论者,他们对霍布斯政治哲学的历史背景与具体处境更加敏感,也更感兴趣。这方面的开创性工作是波考克写的一篇关于霍布斯的宗教和历史观点的文章。波考克对《利维坦》后面部分的分析比当前任何的评论都更加深入。他得出结论说,这部作品的后半部分并没有像大多数传统的解释者所宣称的那样,严格从属于前半部分的政治论证;但也没有像修正主义的倡导者宣称的那样,所阐述的观点构成了霍布斯政治理论的基础。相反,他认为霍布斯这本著作从中间开始"踏上了一条新的道路"。这本著作的前半部分涉及自然与理性的领域,后半部分则和预言与信仰的历史领域有关。波考克与通常的观点相反,他认为这后面的那个领域并没有被重新吸收到前面那个领域中。因此对波考克来说,《利维坦》实际上是两部独立的著作,是用两种语言写成的,两个部分相互并列、互不隶属。①

也许波考克著作最大的优点是:强调要认真对待霍布斯在《利维坦》后半部分的论述。而认真对待霍布斯的话,并不等同于按照字面意思来理解他的话,波考克却是这么做的。例如,他认为如果霍布斯不相信基督教《圣经》构成了上帝话语的真实预言,就永远不可能"一章又一章地解经,以获得《圣经》经文的真意"。② 这种观点低估了霍布斯要弄政治伎俩的能力,在整体上不可信。波考克完全有理由批评大多数先前的学者忽视了霍布斯实实在在写下的关于《圣经》和神圣历史的东西,③他自己的方法论格言(批评者应更加关注霍布斯殚精竭虑达到的效果,而不要太在意他自己信

---

① 《托马斯·霍布斯思想中的时间、历史和末世论》,载于波考克,《政治、语言与时间》,纽约:艺术博览出版社,1973年版,第148—201页,尤其是第159、167、191页。

② 波考克,《时间、历史和末世论》,第167—168页。

③ 波考克,《时间、历史和末世论》,第160—162页。

仰的真诚性)并不会得出他论文的结论。

传统解释认为,《利维坦》第三部分和第四部分只是这本著作中真正的政治论证的附属品。从严谨的逻辑角度来看,这种解释基本上是正确的。如果我们把政治哲学理解为组织政治社会的一种抽象、永恒的方案的话,霍布斯著作中的神学论述既不是他政治哲学的基础,也不是他政治哲学的组成部分。这种方案是由一系列观察人类行为与它们相互作用形成的理论命题,以及关于权利和义务的基础、起源和分配的法律命题交织而成的。政治哲学在本质上并不依赖于神学观念或者宗教信仰。就这个角度而论,《利维坦》这本著作的后半部分确实是一种附加物,人们只能把这部分解释为超出了霍布斯核心论证的界限。

但这个结论源自对霍布斯著作性质的假设,而这种假设与霍布斯本人对自己政治理论的假设不同。对霍布斯来说(正如我试图指出的那样),《利维坦》不只是本科学著作,也不只是对政治社会的原因和组织的抽象推测。它首先是一种政治说服和政治参与的著作,旨在以有利和平的方式塑造大众意见。

当我们将《利维坦》第三、第四部分的形而上学、神学和历史论证看成政治行动的时候,就能把这本书当作一个精心构思的整体。事实上从实践的角度来看,这些论证构成了《利维坦》事业的核心,也为之奠定了基础。换言之,如果我们把焦点放在霍布斯著作期待产生的效果上,就会发现(虽然与波考克的发现不同)《利维坦》的后半部分与前半部分的论述存在紧密的关联。这本书的后半部分旨在塑造读者的思想和观点,以使前半部分的论述更加令人信服。从这个意义上说,第三部分和第四部分是为第一部分和第二部分的设计取得实际效果所作的铺垫。①　本章的其余部分将简述

① 现有文献中最接近这种解释的方法是艾森纳赫(Eisenach)在《自由主义的两个世界》中提出的方法。然而,像波考克一样,艾森纳赫过分地夸大了《利维坦》两个部分之间的脱节,甚至认为这部作品"包含两种独立的语言、逻辑、心理（转下页注）

这种解释背后的理据,接下来的章节试图考察霍布斯的形而上学、神学和历史论述的内容和含义,以证明这种解释是行得通的。

为启蒙而奋斗

霍布斯用来建立自己政治理论的初代理论化的人类模型与在《利维坦》中创设的人类模型之间的差异,为他的政治哲学提出了至关重要的问题。如果人们继续是无知、迷信和非理性的,那么他的政治观点所依赖的基本机制不可能奏效。那些不畏惧死亡,或至少不允许对死亡的恐惧压倒所有与之相对的激情的人,是不可能在共同接受的主权者权威之下和平共处的。对死亡的畏惧是主权者权力的终极基础,也是人类保持和平相处的最终诱因。如果人们用他们的想象力使自己对死亡的恐惧屈从于任何其他的激情或者目的,那么主权者的权力与国家和平的全部基础就被摧毁了。

对这种差异的可能回应是,霍布斯或许会抛弃自己初代政治哲学中的人类理论模型。如果人类并不同于那个模型所描绘的造物,霍布斯可能会废除那个模型,创造一个新的模型,以应对这种差异。不过他并没有这么做。事实正好相反,正如我们所见,他描述了一种以两类模型之间系统对立为特征的人类形象。其中一类是人作为一种利己主义的、理性存在的模型,这从一开始就是他政治哲学的基础;另一类模型将人描述为无知、迷信与非理性的造物。第一种模型最开始就是霍布斯政治哲学的组成部分,而第二

(接上页注)学和政治学"(第70页)。这种说是因为他接受波考克的假设,即信仰和预言是霍布斯的一种知识。而事实上,霍布斯将信仰视为一种纯粹的意见,而不是知识,他是想破坏人们对预言的信仰,正如下面第6章和第7章的论点试图表明的那样。另一个试图以类似的方向修改波考克的解释,参见斯普林伯格,《〈利维坦〉与教会权威问题》,《政治理论》第3期,1975年,第289—303页。

种模型将人描述为不能被霍布斯最初所想的那种论证、威胁和惩罚所驯服的造物，是对那种哲学的颠覆。这也许是多年内战和残暴宗派斗争的结果，这时的霍布斯比早年更加敏锐地认识到，人类行为可能会在很大程度上偏离自己最初的人类模型。但他仍然坚持最初的人类模型，认为人类是一种自私、理性的行动者。在所有不利于这种模型的证据面前，霍布斯为什么还要坚持？换句话说，霍布斯为什么认为可以挽救自己政治哲学的基础？

答案是霍布斯相信：随着时间的推移，实际的人类行为可以被塑造成他的模型描述的模式。就当前而论，人们是无知、迷信和不理智的，他们的行为与自己政治哲学的描述，以及政治理论的要求截然不同；但霍布斯并不认为人类本质上永远是非理性的存在。对他来说，人类仍然是潜在的理性行动者，就像他的人类模型描述的那样。虽然霍布斯对现实中人类非理性现状的描述与这种模型之间的差异，可能会使霍布斯放弃这种模型，也放弃基于这种模型的政治理论。但事实上，霍布斯的回应正好相反——他并没有把观察到的现实当成既定的材料，也没有对自己的政治理论进行相应调整，而是坚持自己的人性论和政治理论。这种理论与所观察到的行为之间的不一致要求改变行为，而不是去改变理论本身。尽管真实世界中的人是无知的、非理性的，但他们仍然有成为理性存在的潜在可能性。霍布斯理论的有效性是建立在这种假设之上，即人类行为看起来好像是非理性的，但这既不是人类的本质特征，也不是人性的永久特征。

当然，这种回应与霍布斯的科学思想完全吻合。对他来说，这就像几何定理一样，一个有关人性的科学命题，其真实性并不取决于它在多大程度上与经验现实相符合。只要现实有机会按照理论的要求得以重新塑造，霍布斯就有理由相信，他的政治哲学能够通过实际应用来证明自身的有效性。

霍布斯有充分理由认为存在这样的机会。他相信自己正生活在一个崭新的科学与发现时代的开端。他非常清楚，现代的发现与发明对实践技艺和（用以支撑这些事物的）社会的影响。早在他1640年的手稿中，霍布斯就认为这类实用技艺的成就是文明社会区别于野蛮社会的特征：

> 因为从这些人的研究与探索中，我们通过航海获得装饰品；通过对世上事物进行划分、区别与描述，获得对人类社会的益处；通过计算时间和预知天运获益；通过测量事物的长度、面积与体积所获的益处；以及从建筑中获得的优美感与防御性：如果所有这些事物都消失殆尽，我们与最粗鄙的印第安人又有什么不同？[1]

对霍布斯而言，一个社会的形态取决于其实践技艺的状态；这些技艺的成就又出自知识的进展。对于欧洲近代社会的经验而言，这些进展令人瞩目。如果没有现代指南针的发明，带来大发现的航海技术不可能出现。在那个时代（甚至是在霍布斯整个一生中），地图绘制技术取得了长足的进步，这既得益于航海家们的发现，也得益于新兴数学化技术的发明，这些技术使人们能够在平坦的纸面描绘地球的地貌。[2] 从17世纪上半叶开始，人们开始普遍使用新的公历。在同一时期，随着人们逐渐接受哥白尼的宇宙观，天文学也发生了革命性变化。[3] 霍布斯生在一个发现、创新层出不穷的时代，没有人比他更受理性精神的影响。

---

[1] 《法律要义》，I.13.3。

[2] 霍布斯在其自传中说，作为牛津大学一名年轻的学生，他曾对地图和探索之旅非常感兴趣。见小 J. E. 帕森斯和惠特尼·布莱尔的译著《马尔斯伯里的托马斯·霍布斯的一生》，《解释》1982年第10期，第1—7页。霍布斯还为自己修昔底德的译著画了一张地图，并在译序第10页中特别强调了该地图的准确性和可靠性。

[3] 关于这些发现的一般性说明，参见玛丽·博阿斯，《科学复兴，1450—1630》（纽约：哈珀和罗出版社，1962年版）。

在霍布斯《论公民》的献辞中,在他 17 世纪 30 年代后期与 40 年代初期对自然哲学作的卷帙浩繁的研究中(这项研究最终在完成《利维坦》之后的 4 年完成),我们都能把握到这种精神。他说,几何、逻辑与天文学从古代开始就已经在智识上取得了高度进展。然而,许多伟大成就都被无知又爱管闲事的经院哲学家们用"语言的陷阱"扼杀了。被他们打断的智识发展进程,直到最近才得以修复,复兴这个进程的是哥白尼、伽利略与哈维。事实上,哈维是这些人中唯一一位"战胜了嫉妒,在其一生中建立了一种崭新学说的人"。霍布斯认为,在这些人之前,自然哲学中并"没有确定的东西",但是从他们的时代开始,天文学与自然哲学在如此之短的时间内,被开普勒、伽桑狄以及马里努斯·梅森尼斯这些霍布斯同时代的人大大推进了。"因此自然哲学虽然尚年轻,但公民哲学却比自然哲学还要年轻得多,那门学问不过从我的著作《论公民》才刚刚开始。"[①]

霍布斯有理由相信,近期智识复兴可能产生伟大的成就。这次复兴生机勃发,已经带来实践技艺的显著改进,成就不可限量。然而,为对政治哲学的前景产生影响,新的智识浪潮必须获得更广泛的效果:不仅要在科学界和知识界产生影响,也要在普通人中形成一种新的、更加理性的思维模式。

霍布斯深知,要产生如此大的效果困难重重。他在《利维坦》中指出,迷信和非理性的种子深深根植于人类本性。理性不是人与生俱来的禀赋,而是后天习得的。相比博闻强识、见多识广,停留在无知的状况要容易得多。迷信是自然产生的,迷信之人无须努力,就能永远迷信下去。想象力天性活跃,不受控制。充满魔幻的虚假解释吸引着想象力,若不经深思熟虑、仔细审视,人们便无

---

① 《论物体》,献辞,第 8—9 页。尽管《法律要义》是霍布斯第一部政治哲学著作,但他援引《论公民》而不是《法律要义》,大概是因为《论公民》的出版(1642)比《法律要义》早 8 年。

法揭露其虚假性。人类思想的土壤只会孕育"错误与偏见的杂草"①，仅仅把理性的种子植入人们的头脑，并期待不经进一步培养就能苗壮成长，这是不切实际的。除非强行把这些杂草连根拔起、彻底销毁，否则错误的杂草会排挤、最终除灭种子的生命。

　　然而第二方面，许多人无意中助长了这些杂草，有些人则故意栽培它们。至于一般人的脑子，便像一张白纸，"除非是由于依靠有势力的人而受到影响，或是由于那些博学之士用自己的看法玷污了他们的心灵"。② 在实践中，很少有人喜欢清晰的思想与开放的头脑，而这些是他们接受科学理性的教导所必需的。大多数人都受虚妄的法术观念所影响，这些观念是那些想要把其他人困在无知中的人散播的。"敌人一直存在于我们天性无知的黑暗之中"，撒播性灵错误的稗子。③ 除非指认并击溃造成这些黑暗的始作俑者，否则人们无法驱散这种黑暗。④

　　理性和启蒙阻碍甚大，受到霍布斯极端的重视。（至少在《利维坦》中）霍布斯认为，超自然的信念（无论是像马基雅维利那样将这种信念理解为神话或幻觉，还是以敬虔的方式将之理解为基督教信仰的真理）必然不适于作为支撑任何政治社会的意识形态的基础。⑤ 但是这个结论，霍布斯既没有明说，也没有在字里行间暗示。当那些无法"从人性中消灭"的迷信种子被还原为最为原始的内核，就只不过是关于神圣之物与不可见力量的意见。⑥ 这些观念在成熟之时是何样态，取决于人们培育它们的方式。对上帝的信仰本身并非科学真理的敌人，因为理性也会得出上帝必然存在

---

① 《利维坦》，第 46 章，第 683 页（541）。
② 《利维坦》，第 30 章，第 379 页（263）。
③ 《利维坦》，第 44 章，第 628 页（492）。
④ 《利维坦》，第 47 章，第 704—706 页（562）。
⑤ 塔尔顿，《政府的创建和维持》；艾森纳赫，《自由主义的两个世界》《霍布斯论教会、国家和宗教》。
⑥ 《利维坦》，第 12 章，第 179 页（58）。

的结论。① 只要获得足够的教化并予以关注，即使对不可见力量的信仰也能净化得与科学真理完全一致。毕竟，霍布斯习惯援引空间中充满大量微小或看不见的粒子这样的观点来解释物理现象。② 所以只要得到适当培育，即使是迷信的种子也能转化为符合理性与科学的思想。

　　这种转变的真正障碍在于，反对者的立场根深蒂固。但是，我们也有理由心存希望。黑暗力量并不总是如此严密地控制着普通人的思想，人们也有理由相信，这些控制已经开始松动。《利维坦》书中的种种迹象表明，霍布斯认为自己生活在一个前所未有的动荡与文化转型的时代。考虑到霍布斯写作时那种笼罩英国人想象力的异常的千禧年氛围，这并不令人惊讶。③ 哥白尼、伽利略、哈维等人的成就开始彰显出哲学与科学已经开始挣脱神学的枷锁。不过其复兴仍然是脆弱的，正如霍布斯在《论物体》开篇所言：

> 在我看来，哲学现今存于人类之中，就像谷物和葡萄酒之存于古代世界一般。因为从一开始，田间到处都生长着葡萄树和玉米穗，只是人们没有注重种植和播种。

　　但是现在我们已经有了一个立足点，为科学智识的进步（或者如弗朗西斯·培根所说的"真正的自然之魔法"④），以及为普通人更为广泛的启蒙提供了一个更为可观的机会。

　　这种普遍的启蒙如果能实现，益处实为巨大，或可让人们远离他们早已习惯的那种迷信的思维，并为一种新型国家奠定基础，这种国家比以往任何时候都更加强大、更为持久。现代国家的缔造

---

① 《利维坦》，第 11 章，第 167 页（51）。
② 布兰特，《托马斯·霍布斯的机械观念》，注释。
③ 本书第八章阐明了这种观点。
④ 《学术的进展》，第 97 页。

者可以将其建立在启蒙理性的自利这种更为坚实、恒久的基础上，而不是像过往国家的创建者那样，诉诸神话和寓言。

因此，霍布斯并不认为他必须靠神话为国家的意识形态提供基础。他能敏锐意识到神话的力量，但他还是相信，理性自利一旦被确立为启蒙之人的主要动机，为政治社会提供的基础远比寓言、迷信和神话更为持久。霍布斯强调启蒙所面临的巨大阻碍，因为他（与培根不同）相信，若没有艰苦卓绝的斗争，启蒙永远实现不了。只有取胜才能为哲学和启蒙的共同繁荣扫清道路，为国家奠定更新、更合理的基础，旧文化的负隅顽抗会在这些成就根基稳固前就将其扼杀。霍布斯认为，启蒙在他所生活的时代达到了高峰。启蒙运动的结果将会具有历史的重要性；但在那个世纪中叶，当霍布斯写作《利维坦》的时候，启蒙的事业尚不稳固。

转变文化的政治（129）

通过与推进启蒙的历史斗争建立联系（霍布斯很容易将这种斗争追溯到伊拉斯谟和其他早期文艺复兴时期人文主义的代表人物），霍布斯的政治哲学获得了早期所没有的时间维度。在《法律要义》中，霍布斯从非历史的角度，用抽象术语分析国家及其内部权利和义务的分配，他把永恒的政府和政治理论建立在同样永恒的人性模型之上。在《利维坦》中，霍布斯坚持这种理论所有的基本特征；但他将人描述为非理性存在，这与他人性模型之间的差异赋予了《利维坦》一种其早期著作所缺乏的历史维度。霍布斯的国家理论仍然具有抽象永恒的性质，但其所依赖的人类模型现在与一种特定的历史时刻联系在一起。除非人们成为理性的行动者（人们总是具有潜能成为这种理性行动者），否则霍布斯的理论不可能真正实现。直到知识战胜了无知，理性驱散了迷信，启蒙压过了黑暗，这一切才会发生。霍布斯政治哲学的真正实现与未来可能发生的事件密切相关，即人类或可转变为更加启蒙、更加理性的存在，也就是成为他政治社会愿景中的公民。

对霍布斯而言，人类未来可能的转变成了历史上至关重要的事件。他所设想的国家前景很大程度上取决于迷信与启蒙相争的结果。在启蒙获胜前，他的国家理论无法付诸实践；然而此胜利是否会发生，还不确定。因此，霍布斯被一种似乎无可避免的必然性引导，对自己政治理论的设计进行了根本性的重构。他最初的目的是展现国家中权利与义务合理分配的模式。他希望这种展示能够帮助人们相信绝对主权的必要性。但现在霍布斯知道，自己不得不接受与之相比更加广泛的目标。促进启蒙，一种关乎人生的完整视野与方法，成了霍布斯的政治目的。他最初的理论现在被置于一个更加宏大的项目中，培育理性的思维和行动方式现在成为实现他政治目的的关键步骤。这个目的与霍布斯政治理论最初的目的截然不同，但又与之不可分割地结合在一起。

这个新的目的在《利维坦》中引发了新的论辩。霍布斯曾经触及一些宗教问题，并在自己政治理论的两个早期版本中使用过《圣经》的观点。但在这些早期著作中，宗教与《圣经》的论证都严格服从于核心的政治主张。霍布斯这么做的目的是表明，一个人对上帝的义务与他对世俗君主的义务之间几乎没有什么冲突，从而消除公民服从的潜在障碍。虽然在《利维坦》中，霍布斯再现了早期著作中的很多论证，但这本著作中的神学论证在整体上与之前的论证有明显的不同。正如霍布斯所言，几个世纪以来，基督教的教义已经充斥着大量迷信与法术的传统，正如一些建制化的教会所教导的，基督教已经成为迷信与灵性黑暗的承载者。启蒙在很大程度上是业已树立的基督教教义反对这些倾向的斗争。《利维坦》的神学论证在本质上不同于霍布斯早期的著作，这种论证的核心目的是全新的，也就是揭露基督教中迷信与法术的要素，把这些糟粕从基督教教义中驱逐出去，最终为整个基督教时代盛行的思想与行动的彻底改变奠定基础。这种几近全人类的精神转变，将使人们预备好在历史上首次集合成一个真正恒久的政治社会。

这个新的目的是霍布斯政治哲学发展的关键事件，主导着《利维坦》与霍布斯早期著作所有的变化。所有这些变化都与霍布斯目的发生的重大改变有关：吸引大批公众，直接塑造大众观点的新抱负；要给读者留下持久烙印的生动语言；相比早期著作远为精深的神学论证。《法律要义》中那种通过逻辑证明展现绝对主权必要性的哲学论证在《利维坦》中仍然存在；但在《利维坦》中，那种论证只是更加广泛的著作的一个部分。理性与修辞的对立是霍布斯在《法律要义》中的基本主题；而在《利维坦》中，这种对立被一个新的主题所取代，也就是启蒙与迷信，光明力量与黑暗力量之间的争斗。他提出这个主题与其说是通常意义上的哲学论辩，不如说是一部史诗，并具有这个词所暗含的一切宏伟观念。①

事实上，霍布斯以新的方式提出这个主题，这与自己对政治目的的重新定位有关。他指出："科学（学识）只不过是一种微小的权势……因为科学（学识）的本质规定，除造诣很深的人以外就很少有人能知道它。"②当我们的目的与其说是从已被接受的原则中证明科学结论的真实性，不如说是去确定这些原则本身的有效性，此时，这一观察尤其适用。因为正如霍布斯常说的，科学的原则不能用科学的方法来证明。这些原则是不言而喻的真理，必须以简单的方式呈现给读者，以期让他们认识到："无须其他证明，就应承认这些原理。"③科学并不能证明自身所依据的原则是正确的。但科学本质所固有的这种局限，并不妨碍倡导者使用其他手段说服他们的读者，将这些原则接受为真理。在《利维坦》中，霍布斯使用的

---

① 参见谢尔顿·沃林，霍布斯和政治理论的史诗传统（洛杉矶：克拉克纪念图书馆，1970 年），它提出了一个类似于本文和以下段落的论点。

② 《利维坦》，第 10 章，第 151 页（42）。

③ 《利维坦》，引言，第 83 页（3），比较《论物体》，1.6.5，13，15。

生动活泼的语言,以及那些神学论证中极富争议的部分,都意在实现这个目的。《利维坦》的语言必然是修辞性的,在某种意义上,这本著作比他早期著作的语言更加精深,因为它的目的不仅是阐明这种政治理论的真理。相反,霍布斯的目的是树立科学的权威,并且通过这本著作,促进人们以理性的方式思考、行动。基于这种崭新的非科学目的,霍布斯采用了新的论证形式。在此意义上,《利维坦》既是科学哲学论证的典范,又是以雄辩捍卫科学与启蒙的典范。

通过以新的方式塑造论证,霍布斯一方面结合了自己科学思想中固有的一些可能性,另一方面结合了自己(在这段思想历程之前一些年)在修辞方面学到的教训。在开始的时候,他的科学思想并没有解决调和科学理论与经验现实之间差异的问题。事实上,几何学原型预示着,这种差异的原因是现实并不完美,而不是理论存在缺陷。当然,与几何学的类比并没有使科学定理完全免受经验主义者的批评。因为对霍布斯而言,任何科学都应该能够改变、控制现实,并通过这种方式证实自己的性质。然而,在把握住应用定理的机会前,对科学进行经验主义批判毫无意义。重构《利维坦》的论证为霍布斯的政治理论创造了这样的机会。霍布斯借鉴了修辞传统的经验,它不只是强调纯粹的概念性话语在创造心理印象方面的缺陷,还强调视觉形象或“历历如绘”的力量,他试图创造条件,使自己政府与政治理论的有效性通过这种具有实践性的“增强现实”得以证实。

因此,正是这种形式和方法方面的改变,将《利维坦》与霍布斯的早期政治著作区分开来。这既不是因为霍布斯放弃了自己早期著作的目的,也不是说霍布斯修改了最初的目的。事实是,这种改变是因为他下决心要实现这些目的。霍布斯的最终目的是在一个(相较以往)更加坚实、更为理性的基础上建立国家,这个目的自始至终都没有改变;但是现在这个目标的实现,取决于一场先行的文化革命。促进科学与启蒙，反对法术与迷信，为之进行雄辩就是要实现这种转变，注入那些（在霍布斯看来）理性的思想和行动习惯，这些东西对于他政治社会的组织而言必不可少。这种辩护使霍布斯要为人类存在的形而上学维度、先知性维度与历史维度给出解释，就如他在先前政治哲学著作中对人类政治处境所作的评价一样。本书将在接下来的三个章节讨论这些解释以及其对霍布斯政治哲学的影响。

第六章　祛魅的世界

——机械唯物主义者

在《利维坦》的开篇和结尾,霍布斯对《圣经》的新奇解释都引起了读者的注意。在结尾处的四个段落里,他坦率承认,这本书的第三部分在处理基督教体系国家的时候,涉及了"一些新的学说"。[①] 在书的另外一头,霍布斯在简短的献辞中,对这些新的解释发出了警告:

> 也许最令人不快的是我们把某些圣经文本用于其他的目的,而不是人们通常用于的目的。但我是以顺服而为之,并且是出于(我主题的)必要性;因为敌人们也引用这些经文,并以其质疑公民权力。[②]

在霍布斯看来,他书中对《圣经》的重新解释是最具争议的部分。然而,他并没有做任何事情来缓和这种争议,而是坚持认为,这个部分是他著作的关键。他之所以这么做,是因为《圣经》是那

---

① 《利维坦》,综述与结论,第 726 页(578)。
② 《利维坦》,献辞,第 76 页(中译本不包含该献辞)。

些信仰与传统独具重要性的根源，正是那些信仰和传统塑造了他那些读者的思想与行动。

要去把握《圣经》在 17 世纪英国人生活中占据的核心地位是困难的。对今天很多读者而言，宗教只是他们生活的一部分，与生活的其他方面是严格分开的。然而在 300 年前，对大多数英国人来说，宗教覆盖人们生活的方方面面，生活的各个领域都蕴含着宗教意义。对于解释这种意义而言，《圣经》是不可或缺的指南，《圣经》不只是一本有关宗教历史和教义的书，而是所有行为与理解的指南，这部书是霍布斯同时代的人看待自己所生活的世界的一面棱镜。

对基督徒而言，《圣经》的话语具有绝对的权威性。在英国宗教改革之初，正是因为人们相信这点，所以他们要尽心竭力译出一部通俗易懂的《圣经》。威廉·廷代尔、迈尔斯·科弗代尔和宗教改革运动中其他著名的领袖都是重要的翻译家，他们的历史使命是将上帝的话语直接带给人民。宗教改革后出现的大量新译本在 15 世纪 30 年代获得了官方认可，这一切见证了《圣经》文本的权威地位。由于《圣经》被人们视为生活唯一的基要指南，准确的翻译至关重要。随着 16 世纪末和 17 世纪初清教运动在整个英格兰的蔓延，这种假设变得越来越普遍，对《圣经》权威的信念直到 16 世纪中期还没有开始衰退；[①]即使是那些拒绝《圣经》权威地位的怀疑论者和无神论者，也无法逃脱它的影响。这种预设塑造了人们的认知，并为他们理解世界提供了基本范畴。这就是为什么在 17 世纪时，区分一位无神论者与基督徒几乎是不可能的事情。

如果霍布斯想重塑人们的思维，对他来说没有什么比从《圣经》开始更好了。然而单凭《圣经》的影响力还不足以对霍布斯关

① 对基督教运动历史的两个古老但仍有价值的调查是纳本（M. M. Knappen），《都铎清教主义》（芝加哥：芝加哥大学出版社，1939 年）和威廉·哈勒，《清教主义的兴起》（纽约：哥伦比亚大学出版社，1938 年）。

注《圣经》给出充分解释,事实上霍布斯认为,《圣经》或者至少是某些对《圣经》的解释,是他那个时代迷信的主要传播媒介和载体。人们在他们自己的信仰中没有察觉到这种"精神上的黑暗",因为他们从未见识更多的光明。但如果我们深思自己的行动,就会知道那时候的人不过是在黑暗中摸索:

> 如果在我们之中不存在黑暗,或至少没有蒙上一层雾的话,那么基督教世界又怎么会几乎从使徒时代起就对外战争和内部战争相互排挤,在自己的命运途中稍一遇到崎岖或在他人每有小突出之时便那样踉跄绊跌,而在奔赴同一目标——至福时,道路又那样千差万别呢?[1]

人们不能以简洁清晰的方式理解自己的行动,这并非偶然。这个世上有一个"黑暗王国",一个

> 骗子联盟,为了在今世取得统治人的权力这一目的,力图以黑暗与错误的说法熄灭他们身上的天性和福音之光,破坏他们进入未来的上帝国的准备。[2]

有人故意破坏《圣经》,阻止我们看到这本圣书全部的光芒,只能通过重新、彻底地解释《圣经》,才能重现这本书的亮光。

通行的观点认为,相比于不包含神学内容,《利维坦》涉及神学主要是为了使霍布斯的政治学说更容易受到基督徒读者的欢迎。但霍布斯极为坚持里面那些激进的解释,这与通行的观点并不相容。[3] 正如霍布斯所预料的,相较他的政治论点而言,这本书的神

---

① 《利维坦》,第 44 章,第 628 页(492)。
② 《利维坦》,第 44 章,第 628 页(492)。
③ 波林,《霍布斯、迪厄和人类》,第 46—48 页。

学主张激起了更大的愤怒。① 霍布斯解释的雄辩特征显然是刻意为之,所激起的愤怒也不是完全不受欢迎的。因为霍布斯的目的不仅是让他的政治学说适应读者现有的偏见,这种目的即便实现了,也不过任凭人停留在过往那般无知和彻底非理性的状态。正如我们已经认识到的,在霍布斯看来,这种情形导致建立一个真正结构良好、永恒持久的国家不过是水中望月。他政治论证的目的在狭义上就是阐明这种国家是如何建立的,霍布斯神学论辩的目的是为这种国家铺平道路。为实现这个目的,霍布斯必须让读者脱离旧的思维方式,激励他们重新认识这个世界,重新评估自己在这个世界中的位置。霍布斯以激进的方式重新解释《圣经》,这只是他更大蓝图中的一个要素。这个蓝图是将读者转变为更加理性、更具预测性的存在,使他们成为一种新型政治社会的成员。

圣经解释的规则

霍布斯认为人们普遍扭曲了《圣经》,这意味着,现在迫切需要对《圣经》做出一种正确的解释。他指出,这样的解释不能来自那种对《圣经》文本的幼稚解读,那种幼稚的、未经规范的解读只会强化人们已有的误解和偏见。只有严格遵循明智的解释原则,进行符合规范的阅读,才能揭开《圣经》的亮光。

霍布斯确立了两个主要的原则来指导他对《圣经》的阅读。第一个原则在《利维坦》第三部分(这个部分包含了他对《圣经》的大部分论述)的开头。霍布斯指出,第三部分的基本观点与本书前两部分不同:第一部分中的人性理论与第二部分中国家理论的基础是对上帝"自然话语"的解读,也就是说,是将理性应用在由自然感觉而来的证据上;另一方面,书的第三部分是以上帝"先知性的话

---

① 参见塞缪尔·明茨,《利维坦的狩猎》(剑桥:剑桥大学出版社,1962 年)。

语"(也就是霍布斯所指的《圣经》)为基础的。"然而",他指出:

> 　　我们却不能抛弃我们的感觉和经验,也不能抛弃毫无疑
> 问是上帝传谕之道的自然理性。因为这是救主重临人世以前
> 上帝赐给我们解决问题的才能,所以便不能用任何暗地信仰
> 的餐巾把它们包起来,藏而不用,而要用它们来取得正义、和
> 平与真正的宗教。在上帝的传谕之道中,虽然有许多东西是
> 超乎理性的,也就是无法用自然理性加以证明或反驳,但天赋
> 理性中却没有与之相违背的东西。看来出现与之相悖的情形
> 时,要么是我们不善于解释,要么就是我们的推理错误。①

　　这本身并不是一个激进的观点,霍布斯并不否认《圣经》包含
了我们无法理解的奥秘。他声称这些奥秘原则上并没有任何背离
理性的东西。尽管这个观点颇具争议,但也绝对不是史无前
例的。②

　　然而霍布斯应用该原则得到的结论非常不正统,他从这个一
般性规则中获得了两个推论。第一,人们不能以违背逻辑的方式
理解《圣经》,矛盾的两个方面不可能同时是真的,同时信仰矛盾的
两个方面其实是无知的狡辩,人们不能相信那些用超自然的启示
使矛盾的信仰合法化的人。③ 既然上帝话语自身并不违背理性,
超自然的事实也不会与理性相悖。

　　第二个推论是,如果没有极为审慎、细致的审视,就不能接受

---

① 《利维坦》,第 32 章,第 409—410 页(195)。

② 理查德·夏洛克认为,霍布斯"自然理性优先于信仰"的原则与奥古斯丁-加尔文主
　义传统格格不入,这个观点是正确的。但是他在一篇原本很好的文章中错误地认
　为,这种原则违背了基督教神学的整个传统,而事实上这种原则完全在中世纪天
　主教正统的范围之内。参见《利维坦的神学:霍布斯对宗教的看法》,《解释》10
　(1982),第 43—60 页。

③ 《利维坦》,第 12 章,第 179 页(58)。

《圣经》与我们对自然界的认识相冲突的解释。应该尽一切努力，使《圣经》文本的证据与我们的经验相吻合。正如《圣经》文本是上帝先知性的声音一样，经验和理性都是上帝自然话语所发的声音。

霍布斯承认，上帝的话语中有很多东西"高于理性"。当我们遇到这种真正超出我们理性理解力的情形时，我们应该

> 把自己的悟性吸引到这种道上，而不要费许多力气用逻辑方法去寻求这种不可思议同时又不归属于任何自然科学规律之下的奥义的哲学真理。①

但霍布斯认为，从这个意义上来说，要抓住人们的理解，并不是要放弃我们的推理能力。即使在无法理解上帝命令的时候，我们也需要遵循这些命令。但是在任何情况下，我们都不应该容许用《圣经》的话语来反驳我们从经验和理性中获得的知识，或者将这些话语解释为自然界知识的来源。

这最后的结论就是霍布斯在阅读《圣经》的时候所采取的第二个主要的原则。虽然这个原则支配着他对《圣经》的全部理解，但直到《利维坦》第三部分的结尾（也就是其已经完成了大部分论述后），霍布斯才提出这个原则。事实上，霍布斯把这项原则作为解释任何著作的一般性规则：

> 因为能为任何著作提供符合真意的解释的不是单纯的字句，而是作者的见地。凡属断章取义地坚持孤立的经文而不考虑主要宗旨的人，便不可能从这些经文中推论出任何东西来，而只是把七零八碎的圣经像灰尘一样撒在人们

---

① 《利维坦》，第 32 章，第 410 页(195)。

眼前,使每一种东西看起来都更加模糊;这正是不追求真
理,而只专门为自己的利益打算的人通常运用的一种
狡计。①

　　霍布斯认为,《圣经》有两个非常简单的目的,其一,是让人们
作好准备成为上帝顺服的臣民;其二是向人们展现上帝救赎的方
式。"《圣经》之作只是向人昭示天国(上帝的国),并使他们准备好
作上帝忠顺的子民。"②《圣经》的目的不是传递自然界的知识,而
是上帝"为使人们使用其自然理性而留于人们争议"③的文本。事
实上,如果试图在《圣经》中发现这样的知识,那么他注定要误入歧
途。因为《圣经》是用日常生活的语言,也就是不准确的语言写成
的。④《圣经》并不是理解自然的指南,任何以这种方式使用《圣
经》的人都可能会压制真理。⑤

　　这种"最低限度的神学"起源可以追溯到伊拉斯谟广受欢迎
的著作。伊拉斯谟一生中的大部分时间都在推动天主教内部的
改革,这意味着那些坚持根据字面意思解释《圣经》的人完全错
误理解了这本书的性质。《圣经》不是开启宇宙万物知识的钥
匙,《圣经》有一个特定的目的,就是引导人走向顺服,以至于得
救;《圣经》是用普通人的语言写给他们阅读的,这种语言不够精
确,除了传递服从与得救所必需的信息外,不能传递关于这个世
界的任何信息。这种语言在很多方面已经过时了,如果人们从
字面上理解《圣经》,就容易与科学真理发生冲突。对霍布斯而

---

① 《利维坦》,第 43 章,第 626 页(332)。
② 《利维坦》,第 8 章,第 145 页(59);对比参照第 45 章,第 663 页。
③ 《利维坦》,第 8 章,第 145 页(59)。
④ "至于我们的救世主对疾病讲话就像对人讲话一样的问题,基督所讲的话只是像那
　 些光靠口中念诵来治病的人一般所用的词句。"《利维坦》,第 8 章,第 145 页(60)。
⑤ 《利维坦》,第 46 章,第 703 页(559)。

言,这种冲突的发生,使我们有足够的理由抛弃《圣经》的字面含义。[①] 而当人们用自然主义的方式解释它的字面含义时,霍布斯认为是可以的。[②]

尽管在《利维坦》中,霍布斯反复透露,自己接受《圣经》的绝对权威,但他的两个主要的解释原则严重弱化了这种权威。他的第一个原则是让《圣经》服从于理性和经验,因此霍布斯颠覆了奥古斯丁的观点,即人类不完美的理性臣服于《圣经》中上帝启示的先知性话语。当我们将之与霍布斯的机械唯物主义相结合的时候,这种颠覆为《圣经》教训的理性化铺平了道路,只给(传统基督教教义中扮演极为重要角色的)神迹奇事留下了为数不多的空间。他的第二个原则又给了《圣经》一次有力的打击。霍布斯认为,必须根据《圣经》的主要目的来解读这个文本,这极大限缩了《圣经》话语的规模。就像霍布斯同时代的大多数人惯于假设的那样,他将《圣经》视为一面棱镜,人们可以用《圣经》来解释他们的整个经历。《圣经》指明了通向顺服与得救的道路,这是所有人关注的最为重要之事,但它并不是解释这个世界的可靠指南。霍布斯接受为权威的《圣经》在适用的范围上受到了严重的限制,《圣经》本身也必须通过霍布斯自己对自然界的机械观念进行解释,所以它同样被理性规则所束缚。

物质化的灵魂

霍布斯坚持用精湛的技艺,将这些解释原则应用于《圣经》。他认为,既然所有符合理性的推理都是以话语的前后一致为基础,

---

① 参考对"圣灵充满"或"圣灵内驻"的论述,《利维坦》,第34章,第440—442页(310—313),以及对"无形无体之灵"的论述,第45章,第661—664页(521—524)。

② 《利维坦》,第35章,第442页(321—322)。

那么首要任务就是厘清模糊术语的含义。这些含义不能像自然科学那样，由任意的定义来决定，也不能像通常谈话那样，由词语通常的用法来决定，这些词的圣经含义唯一可靠的指南是它们在《圣经》中的用法。[①] 霍布斯非常仔细地考察了这些用法，但每个考察之处都贯彻了他的两个解释原则，以支持他的政治和人性观念的形而上学论证和历史性论证。

霍布斯将人们对《圣经》的错谬归为三类。第一类错误与灵魂的本性和归宿相关。这些错误主要源自"对永生、永死和第二次死亡这几个词的曲解，这些教义都是从新约中一些比较含糊的地方提炼的"。另一类"普遍的对《圣经》的滥用"涉及"将祝圣变为施法"，在更一般的层面，与语言、神迹和魔法相关。霍布斯将最后一类对《圣经》的曲解称为"对《圣经》最为严重也最主要的滥用"，涉及"用《圣经》来证明其中经常出现的上帝国就是现存的教会或现在活着的基督徒群众，抑或是在最后的审判日将要复活的死去的人"。[②]

霍布斯在《法律要义》已经提出了最低限度神学的雏形。在那本书中，他在那些获得拯救所必需的信仰，与仅仅是超越建构的信仰之间作了鲜明的区分，也区别了"信仰问题"和"哲学问题"。[③] 但在霍布斯提出的曲解《圣经》的三个类型中，《法律要义》只是涉及了第三类，也就是曲解上帝之国的本质。在《论公民》中，霍布斯对上帝之国进行了详尽的分析，但对灵魂本质的问题仍然保持沉默，对祝圣和魔法的主题几乎也是一样。在这两本著作中，霍布斯本应很容易对这些主题作些评述。例如，在《法律要义》中，他指出，相信耶稣是弥赛亚，必然意味着相信"灵魂不朽，没有灵魂，我们就无法相信他是救主"。[④] 但霍布斯在那里既没有评述灵魂本

---

① 《利维坦》，第 34 章，第 428 页(308)。
② 《利维坦》，第 44 章，第 636—637、633、629 页(492—500)。
③ 《法律要义》，Ⅱ，6.5，9。
④ 《法律要义》，Ⅱ，6.6。

质，也没有对"灵魂不朽"的意义给出一些阐释。

因此在霍布斯分析的三个主要类型中，只有一类得到了他之前著作的严肃对待。这个观察颇具意义，因为前两个主题（灵魂与魔法）在他理论中扮演着与上帝之国不同的角色。扭曲上帝国对霍布斯之所以重要，是因为那个国有时被人们当成（诸如天主教会或长老会这样的）现有的权威。这种对号入座十分危险，这意味着人们会认为自己受制于两种截然不同的权力，一种是世俗的，另一种是属灵的。这种双重委身，可能使人们的忠诚产生冲突。在《法律要义》与《论公民》中，他的主要目的是减少这种潜在冲突；而在《利维坦》中，他的论述是要清除这种冲突。[①] 但在霍布斯看来，人们在灵魂与魔法上持有的错误信念是一种不同类型的扭曲，在这些问题上的错误认知可能诱使人不服从任何类型的权威。这样的观点可能导致人们相信，有比生命更大的奖赏，也有比死亡更大的惩罚；相信这种奖赏与惩罚的人不会以理性的方式回应真实的世俗制裁。简言之，霍布斯对《圣经》中有关曲解灵魂与魔法的讨论，是试图找到人们理智错乱的根源，也就是找到人们看待自己以及他们与世界关联的错误根源。在《利维坦》之前，霍布斯并未尝试对抗那种威胁所有政治权威的非理性要素。本章余下的部分会考察霍布斯在《利维坦》中对抗这些要素的尝试，而下一章会讨论霍布斯对上帝之国的看法。

霍布斯的解释从给《圣经》中"灵"这个词下定义开始。[②] 经院哲学家经常把灵作为体的对立面，他们认为，体是一种物质实体，而灵则是一种非物质实体。然而准确来说，体和实体这两个词指的是完全一样的东西。我们称呼事物为体，因其占据宇宙中的某

---

① 例如，在《论公民》第 17 章中，霍布斯接受精神和世俗事物之间的区别是合法的，而没有暗示他后来在《利维坦》中对精神和世俗权力之间的区别进行的大规模攻击。参见下文第 170 页。

② 《利维坦》，第 34 章，第 428—434 页（308—314）。

个空间或位置；我们称事物为实体，是因它们会发生变化。霍布斯认为，宇宙中所有真实的东西都具有这两种属性：它们都占据某个位置，也都会发生变化。这两个不同的词之所以存在，唯一原因是，宇宙中所有的事物都具有这两种截然不同的属性，因此，可以用两种不同的方式来描述这些事物。从最严格的意义上说，"无形的实体"自相矛盾、无比荒谬。体与实体实为一回事：宇宙中没有任何真实存在的事物能够是真正的"无形的"。

霍布斯第三部分的开篇提出的这个观点其实推翻了他自己的说法（也就是他的解释仅仅是以《圣经》为基础的），他作此定义的基础是唯物主义形而上学。在接下来的部分，霍布斯将这些定义与《圣经》的证据进行调和。但在任何时候，他都没有将这些定义建立在《圣经》所提供证据的基础上。

"体"这个词的应有之义，不同于这个词的通常用法。一般而言，事物只有在视觉、触觉等外部感官可以感知的情况下，才被称为体。像空气这样细微或微妙的物质有其他的名称，比如风、气或灵，这些词都是由拉丁文 Spiritus 演化而来。"灵"这个词也适用于想象的虚构：

> 我说，在它们看来是存在的地方，什么都没有；而在大脑本身，除了对象的作用或者我们感觉器官紊乱的激动所产生的骚动之外，什么也没有。[1]

在通常用法中，"灵"也有几种隐喻的含义，例如，这个术语可以用来描述心灵的倾向，一种非凡的能力，或者一种无与伦比的激情。

这些常见的用法造成了很大的混乱。如果"体"这个词只适用于外部感官可感知的物质，那么说非物质实体存在也是合情合理

---

[1]　《利维坦》，第 34 章，第 429 页（309）。

的。如果这个术语用得清晰且前后一致，人们可以把这些精细而不可见的物质称为"灵"，而不至于引起混淆。然而事实上，这个词的通常的含义充满了歧义。因为"灵"是比喻性的，既适用于想象的虚构物，也适用于现实之物，所以该术语的含义在任何情况下都很模糊。这些复杂交错的用法最终孕育了一种观点，即真正的非物质实体（完全没有"体性"的实体）是存在的。在霍布斯看来，这种观点显然是荒谬的。只有清楚理解组成这个短语的各个术语的含义，才能明白这是相互矛盾的。"灵"这个词通行粗俗的用法阻碍人们真正理解这个词，毫无意义的经院哲学也无法正确理解这个词。[①]

为引导人们走向顺服与得救，《圣经》是用通行的语言写的，所以其中"灵"的含义就像日常语言一样，繁杂多样。有时候，这个术语是指像风或飘在空中的[②]精物质。有时候，人们用这个词作比喻，指各种不同的含义。但霍布斯认为，"灵"这个词在任何时候都不是用来指完全没有"体性"的实体。这样的用法毫无意义。《圣经》不是为了传递自然知识而写的，但我们必须假设，《圣经》与人们对自然界的真正理解并不矛盾。虽然在《圣经》中，"灵"这个词意味着很多不同的东西，但绝不是指一种真正的非物质实体，这在自然中是不可能的。

不仅这个论点具有形而上学意义，霍布斯也从中得出了各种各样的结论。其中一个结论是：真实且永恒存在的天使必须是有形有体的存在。作为这样的存在，天使的活动必须遵守自然定律，因为自然定律支配一切有形有体的事物的运作。另一个推论是：《圣经》中对"灵"这个词的所有用法都是比喻性的，这个词本身的字面含义是向人吹一口"轻薄又细长的空气"。[③]

---

① 《利维坦》，第 4 章，第 108 页(19)，以及第 5 章，第 113 页(32)。
② 《利维坦》，第 34 章，第 433—434 页(310—311)。
③ 《利维坦》，第 34 章，第 440 页(314)。

但霍布斯从这个论点中得出的最重要的推论是:灵魂是有形有体的物质性实体。作为这样一种实体,灵魂不能独立于身体,因为灵魂本身就是一个物体。灵魂本质上也不可能永恒,因为所有的实体都会发生变化。这种教义虽然并非前所未见,但它仍然是不正统的。根据这种教义,人类灵魂就像其他的灵体那样,是一种普通的物质性实体。①

霍布斯对灵魂的这种解释具有重大的政治意义。灵魂是非物质的,且永恒存在的,这种观念是一扇通向"黑暗教义"的窗户,也就是罪人死后,灵魂被送到一个要永受折磨的地方。② 随着这种人们假想出来的地狱,出现了第二个(对天主教来说更加有利可图的)虚构,也就是炼狱。炼狱的教义导致了人们对鬼魂的信仰,这反过来又为驱魔、施咒和召唤死者的迷信做法提供了基础,也在几个世纪以来助长了天主教的教义。尽管它们纯粹是想象的虚构,但(非物质、永存的灵魂)这种观念引起的恐惧已经成为属灵和世俗领袖争夺人类行为控制权的有力武器,为清除基督教中的迷信以及(基督教早期就深受其扰的)思想中的魔法要素,霍布斯要倾其所有、竭尽所能,为拒绝这种灵魂观而斗争(霍布斯认为基督教中的这种灵魂观念源自古希腊的魔鬼学说)。③

霍布斯认为,灵魂必须是一般的物质性存在,这个结论是从他自己的唯物主义形而上学中推出来的。他认为这个观点已被科学论证所证实,因此它必然与《圣经》相一致。他对这种唯物主义最大胆的表述出现在《利维坦》第 46 章:

---

① 霍布斯引用《约伯记》第 14 章一个关于人类死亡的控诉,来支持《利维坦》中的解释,见第 38 章,第 483—484 页(363)。在第 44 章,第 644—649 页(506—510),针对《圣经》中一些段落似乎暗示灵魂不朽,霍布斯为自己的观点辩护。
② 《利维坦》,第 44 章,第 638—639 页(501)。
③ 《利维坦》,第 45 章,第 659 页(519)。

世界是有形体的,这就是说,世界是物体(我所谓的世界不光是指尘世,喜爱尘世的人被称为世故的凡人。我所指的是宇宙,也就是一切存在事物的全部物质),具有量纲,也就是具有长、广、厚;物体的每一部分同样是物体,也具有同样的量纲;所以宇宙的每一部分都是物体,不是物体的东西就不能构成宇宙的构成部分。由于宇宙包括了一切,所以不能成宇宙构成部分的东西就不存在,因之也就不存在于任何地方。根据这一点也不能作出结论,说灵是不存在的,因为灵具有量纲,因之便是实际的物体。①

其实在霍布斯写作《法律要义》和《论公民》时,这些唯物主义观点就已经全部形成了,但这并没有使他在这些著作中提出这种灵魂本质论。要追问这种缺失的确切原因,其实是在霍布斯的早期著作中,他没有完全理解人们对灵魂的自我理解有什么政治意义。但是在《利维坦》中,霍布斯直截了当、清晰万分地认识到其中的意义。在回答自己的修辞性问题(这种晦涩难懂的形而上学思辨在一部政治哲学著作中能有什么地位)时,霍布斯认为:

我的目的就是使人不受那些人的愚弄……用一些空洞无用的名词来吓唬人,让他们不服从自己国家的法律……正是根据这一理由,他们才说人死去并且埋葬以后,他的灵魂(也就是他的生命)也能离开他的躯体行走,而且夜间能在坟墓之间见到……面包的形状、颜色和滋味在没有(据他们说)面包存在的地方也存在。信仰、智慧以及其他的美德和品质有时是从天上灌到人们身体中去的……此外他们还说了许许多多动摇臣民对自己国家的主权者的服从关系的话。②

① 《利维坦》,第 46 章,第 689 页(564)。
② 《利维坦》,第 46 章,第 691—692 页(548—549)。

　　霍布斯论点最终的根源在于他认识到,人可以被假想的奖励或惩罚所激励,相比生命真正的益处或死亡真正的邪恶,这些假想的惩罚对人的行为具有更大的权力。关于灵魂不朽的基督教神话就像一把匕首,刺向每个容忍这些观念存在的国家的心脏。相信永生的人如果认为他们的服从会阻碍自己得到永生,就会毫不犹豫地违背其君主。那些相信永恒惩罚的人如果认为死亡是通向其救赎的必经之路,就不会被世俗死亡的威胁所吓倒。霍布斯认为,基督教诞生以来,这种形而上学意义上的谬论不断对其造成污染。然而对他来说更重要的是,这种观念不利于主权权力与国内的和平。因为正如他所指出的那样:"任何国家与其主权者都不能够给予比生命更大的奖赏,施加比死亡更大的惩罚。"①

　　事实上,霍布斯并不认为存在比死亡更大的惩罚,但是那些接受了灵魂不朽的基督教神话的人相信。虽然这是人想象的,但这种想象本身是真实的,并对信徒有非常明显的影响。如果这些影响在主权者的控制之下,那么灵魂的神话就不会对世俗权力造成巨大威胁。但如果这种神话受独立的神职人员操纵,就可能对国内和平造成毁坏。霍布斯尝试用唯物主义形而上学的武器摧毁基督教神话中灵魂不朽的观念,这是他战略的第一步,目的是引导人们以启蒙的方式理解自己的利益,并为国家的长治久安奠定最为坚实的基础。②

预言、神迹和魔法

　　对霍布斯而言,灵魂不朽的神话并不是威胁普通人的唯一迷

---

① 《利维坦》,第 38 章,第 478 页(356)。

② 因此,在《霍布斯的政治哲学》中,沃伦德认为,神圣的制裁支撑、支持着霍布斯的整个政治理论,这种观点恰好把真相给弄反了。事实上,霍布斯认为,这些制裁是对所有理性政治权威的违背。在艾森纳赫的《两个世界的自由主义》(第 47—50 页)中,这一点的重要性也被误解了。

信,他同样关注预言、神迹和魔法的信仰对基督徒臣民行为的影响。把这些事情串联起来,就是对超自然事件的看法。在创世的时候,上帝已经设立了一些法则,管理自然现象的正常运作。超自然事件意味着这些法则的终止或中断,人们通常把这样的事件称为神迹。在很多用法中,神迹被视为是检验先知见证的方式。有些人相信,只有上帝能够缔造神迹,但也有人认为,人类或一些灵也拥有超自然的力量。除了上帝以外的其他人如果行使这种力量,人们就称之为魔法。

这样的信念是危险的,可能把权力赋予那些主权者以外的人。可能有两种路径造成这样的后果:先知和术士。先知之所以强大,是因为人们相信他们拥有关乎上帝的特殊知识,人们认为他们的话有神圣的起源。对那些相信他们的人而言,服从这些话就等同于服从于上帝。由于上帝高于尘世的主权者,所以即使这些话语和主权者的命令发生冲突,人们也不可能置若罔闻。这导致那些具有预言天赋的人可以凌驾于主权者的命令之上。任何违抗主权者的人都会遭到他的惩罚,但不服从先知的人会受到上帝的惩罚。另一方面,人们也相信术士能施展超自然的力量,术士所拥有的力量不如上帝本身那么强大,但也足以威吓那些相信魔法的人。人们在很多时候都被这种想象迷惑了,以至于轻看自己的生命。①

没有什么能阻止主权者利用这些信仰来补充自己的力量。古代主权者经常这么做,并且也取得了巨大成功。② 他们以先知或上帝代理人的身份出现,并使他们的法律看上去是由上帝神圣的命令制定的。他们设立仪式和节日来培育、规范臣民的信仰。他们建立了整套万神殿,以增进臣民之间的和平与顺服,并且安排诗人

① 关于 17 世纪英国的逻辑信仰的概述,参考 Keith Thomas, *Religion and the Decline of Magic* (Harmondsworth, Middlesex: Pengiun, 1973)。
② 《利维坦》,第 12 章,第 177—178 页(87),以及第 45 章,第 658—659 页(537)。

担任异教的最高祭司。在许多方面,他们都把臣民的迷信变成了
自己的政治工具。现代主权者们也声称能使用超自然的力量。在
17 世纪大部分的时间里,每年数以千计的臣民成群结队来到皇家
宫廷,希望国王的触摸能治疗他们的疾病;詹姆士一世似乎认为这
种做法是迷信的残余,但他还是审慎决定继续这种做法。人们相
信,国王把硬币挂在病人脖子上,就能治愈他们。这种对国王神奇
能力的信仰,一直持续到那个世纪后期霍布斯去世以后。①

　　问题在于,现代主权者并没有垄断这种权力,他们也没有明确
的途径去获得这种垄断。② 其他人也说自己拥有这种力量,并且
经常使人相信这些说法,在霍布斯的一生中,英格兰从来不缺术士
和先知,他们在 17 世纪 40 年代非常活跃,当时由君主掌控的权力
已经土崩瓦解,后来议会制的权力体系还没有建立起来。在霍布
斯看来,术士和先知是主权者与国内和平的死敌。他们之所以声
称拥有超自然的力量,是渴望对人们行使权力。对《利维坦》而言,
挫败这种愿望是最重要的目的。必须驯服寓言、神迹和魔法的信
仰,才能把主权建立在坚实的基础上。

　　霍布斯本可以像拒绝灵魂不朽那样,清除人们对预言和魔法
的观念。他可能会说,因为整个宇宙是由严格、必然、以机械方式
运作的自然法则控制的,所以神迹和魔法都是不可能的。霍布斯
一定想用这种简单的方式来阐明自己的论点,他的许多论点都是
以这个观点为前提的,即宇宙受机械决定论支配。这是霍布斯自
然哲学的基本前提,③也是其抨击自由意志观念(这是霍布斯作为
主要人物所参与的最为重要的论战④)的基础。他有时候将机械

---

① Thomas, *Religion and Magic* , pp. 227—242.

② 康特拉·卡尔顿(Contrast Tarlton)对这点的讨论,参见《政府的创造与维系》(The
　 Creation and Maintenance of Government)一文,第 315 页。

③ 见勃兰特,《托马斯·霍布斯的机械概念》。

④ 参见霍布斯在《利维坦》中对自由和必要性的评论,第 21 章,第 263 页(108),以及
　 明茨在《利维坦的狩猎》中对这一争议的概述,第 110—133 页。

决定论和唯物主义描述成一种不容否定、毫不荒谬的观点。[①]

尽管霍布斯显然信奉这种机械决定论，但他并不认为超自然事件完全没有可能。至少在《利维坦》中，霍布斯认为，这类事件存在形而上学意义上的可能性。然后，他又用逻辑、文本和历史的方式对超自然事件的观念作了非常细致的批判性审查。他的结论最终几乎与自己在形而上学层面所得的结论一样消极，不过考虑到这种论证所预设的读者群体，它比形而上学方面的拒斥要有效得多，霍布斯通过这种方式，完全抛弃了魔法的观念。而神迹和预言的观念却被树篱包围着，它们作为一种形而上学的观念，可能会榨干霍布斯所有的政治可能性。

纵观整个历史，从魔法信仰中获益的主要是罗马教廷。它的领袖会巧妙地利用这种信仰，圣餐、洗礼与很多仪式原本是纪念性的，这些人将之转变成了神乎其神的仪式，以激发人们的敬畏之心。[②] 他们怂恿人们相信，邪灵能够进入自己的身体，占据自己的灵魂，而他们则宣称，自己拥有驱走这些邪灵的魔力。[③] 他们发明了炼狱的教义，把这种教义当作整个赎罪教义的基础，并坚称其有能力影响上帝对个人灵魂的赦罪。[④]

罗马教廷声称有能力影响人类灵魂的命运，在信徒中谋取了巨大的权力。这种力量使教廷成了"仙女之国"，[⑤]一个完全以基督徒的迷信和幻想作为基础的人类控制中心。这种控制的最终后果是灾难性的。在每个领域，除了在有限领土上行使的公民主权外，教宗成为了国中之国，一个经常与主权相冲突的权力中心。臣民要服从两个主人，他们都坚持要人们把自己的命令当成法律来

①　在《利维坦》中，霍布斯嘲笑"自由臣民"和"自由意志"，以及"非物质"这些术语。参见第 5 章，第 113 页（30）。

②　《利维坦》，第 35 章，第 450—451 页（329）；第 44 章，第 633—636 页（496—499）。

③　《利维坦》，第 45 章，第 664—665 页（524）。

④　《利维坦》，第 44 章，第 638—639 页（511）。

⑤　《利维坦》，第 29 章，第 370 页（224）。

遵守,而在霍布斯看来,这完全是不可能的。① 这种神职权力最终侵入每个共同体,削弱国家的力量,并以分崩离析和永久内战折磨着那地的人民。

霍布斯指出,宇宙中所有的权力都出自上帝,并以此展开对魔法权力的抨击。正如上帝是所有司空见惯的自然事件的原因,他也是所有非同寻常之事或超自然事件的原因。任何人、魔鬼、天使或其他受造的灵,这些都不是超自然事件的原因。② 声称某个术士可以单凭自己的力量创造奇迹,就会否认这个广为接受的前提,这实际上就是犯了拜偶像的罪。另一方面,如果有个术士凭上帝的力量做了些不同寻常的事情,那么这一定是自然的效果,而不是什么超自然的力量或魔法之力的效果。

这个论证在逻辑上没有什么价值。霍布斯认为上帝不能授予他的代理人一些非凡的、超自然的能力,这种看法是没有道理的。这种力量完全可以既是出自上帝的,又是超自然的。但是霍布斯的论证没有真正建立在这个逻辑上,他论证的要点出自《圣经》的细枝末节,而不是出自哲学。

霍布斯承认,有些经文似乎确实赋予受造之物以魔力。例如,《圣经》提到埃及的术士,他们模仿以色列人先知摩西所施展的神迹(摩西是靠上帝的力量),把他们的杖变成蛇,把水变成血,用他们的魔力把瘟疫带到土地上。然而他指出,《圣经》并没有告诉我们,他们所说的魔力是什么意思:

> 因此,如果行法术并非许多人所想象的那样,是用咒文和咒语产生奇异结果,而是用普通方法行骗和欺诈;如果它并非超自然的,因为行骗的人要行法术根本无须唱高调研究自然

---

① 《利维坦》,第 29 章,第 371 页(224)。
② 《利维坦》,第 37 章,第 474 页(351)。

原因,而只要细察人类一般的无知、愚昧和迷信就行了;那么看来似乎证明了魔术、巫术和法术的力量的那些经文,意义就必然和初看起来有所不同。①

霍布斯认为,当任何看似神迹的行为被用于启示上帝子民以外的目的时,其实不存在真正的魔法。相反,观众其实是被欺骗迷惑了:"所有的人一般都十分愚昧无知,而且易于发生错误,尤其是那些对自然原因、人类本性与利害关系不甚了解的人,以致被许许多多很容易识破的诡计欺骗了。"②这正是《出埃及记》中埃及术士所做的,他们用虚假的诡计,迷惑了观众。③

霍布斯认为,这种欺骗与天主教会崇拜仪式中每天都上演的事情,没有本质的区别。祭司们把上帝的圣道,转变为一种充满法术的东西,将饼转变为了一个人,不,是变为了一位上帝。没有什么比这更荒谬的事情了。当基督在《圣经》中说"这是我的身体"的时候,他的意思是,这饼象征或代表他的身体。祭司们试图把这种通常的比喻,变成字面上的意思。这是一种刻意的行为,来支持他们自己所主张的神奇力量,用来巩固他们对人民的控制。同样的解释,也发生在他们对洗礼、婚礼、终傅圣事以及其他圣礼中;这些解释总是怀揣着同样的动机,那就是增添天主教会的权力。④

这些论证都不能证实真正奇妙的事情不会发生。但重要的是,严格的论证并不是霍布斯的目标。他的目标是那些用魔法力量实施控制的那些人,霍布斯要摧毁这些人的信誉。为此目的,他所提出的论点可能比任何严格的证据(即使霍布斯有这种证据)都

---

① 《利维坦》,第 37 章,第 474—475 页(351—352)。
② 《利维坦》,第 37 章,第 475 页(352)。
③ 《利维坦》,第 44 章,第 634 页(496—497)。
④ 《利维坦》,第 44 章,第 634—636 页(496—499)。

更加有效。事实上,并不存在严格的证据。那些构成世界神奇解释基础的教义就和科学本身的原理一样,既无法被证明,也不能被证伪。霍布斯也许认为,所有魔法背后的原则都是荒谬的。如果他真这么认为,就一定会相信这种荒谬是不言而喻的真理,而这个判断本身却无法用逻辑或科学的手段来证明。事实上,霍布斯并没有否认超自然事件在形而上学层面的可能性,他否认的是任何人(或称任何受造之人)都拥有魔法力量,都能自行引发超自然事件。他的论证是因时而异的,也是个人化的。这些论证并没有否认魔法的可能性,而是怀疑那些声称拥有魔法力量之人的真实性和真诚性。尽管霍布斯近乎确信魔法是不可能的,但他的核心问题不是魔法是否可能;他的问题是,有些人是否利用人们对魔法的普遍信仰,为自己谋取权力,损害国家和主权者权力的根基。

霍布斯认为,权力的集中对于任何国家的和平与安全都是必要的,而魔法的信仰对权力的集中构成了严重的威胁,《利维坦》的论证都是为了削弱并最终摧毁这种信仰。霍布斯并不认为,灭绝这种信仰的最好方式是直接通过哲学来实现。哲学能使那些信念在逻辑上分崩离析,但并不足以确保毁灭这种流行的信仰。他更加重要的进攻手段是指出这些魔法背后都是人心怀鬼胎与弄虚作假,这种对魔法的评论贯穿着《利维坦》的每个主题。他希望,这些暗示一旦深入人心,让人们以新的眼光来看待这个世界,就会慢慢消融长久以来束缚人们的迷信信仰和恐惧,并为新型的理性生活开辟道路。霍布斯希望在这种生活方式之上,建立一个有着完美设计和强大安全保障的国家。

因此,霍布斯攻击的中心对象既不是天主教会(尽管他对其进行了猛烈的批评),也不是基督教本身。他真正的目标比基督教的制度和传统更加深刻:这个目标包括一种精神状态、一套关于自我和世界的潜在信念,这些信念支撑着天主教会的制度,并使它们的传统成为可能。霍布斯的论战不仅仅是针对教会本身,而且针对教会赖以生存的整个精神面貌；他的目的是彻底改变这类观点，使这些制度和传统，以及任何其他有损主权权威的制度和传统都不再出现。

虽然霍布斯的论述是要摧毁人们对一切形式的魔法所怀的信念，但他并没有以同样的方式全盘拒绝预言和神迹的观念。与自然理性和超自然启示一样，预言是上帝让人类知晓他旨意的方式。他制造神迹，让别人知道谁是他的先知。①《圣经》的很多内容都是他预言和（证实这些预言有效性的）神迹的记载，预言和神迹是整本基督教《圣经》的核心，而霍布斯并不准备挑战人们对这二者的信念。

然而，预言在基督徒生活中扮演的重要角色带来了很多麻烦。他认为，很难将一个真正的先知与很多名不符实的假先知区别开："因为声称要教给人们取得至福的方式的人们，也会要求统治被教导的人（也就是管辖和治理他们），而这却是所有的人自然都希望的事。"②有些人可能会把他们的梦、幻想与超自然的异象搞混，从而真诚地相信他们是先知，③其他人只是为满足他们自己的野心而欺骗同胞。不管他们的动机是什么，大部分自称是先知的人都是假冒的。④

霍布斯认为，防止被假先知误导的唯一方法是时刻牢记《圣经》中识别真先知的两个标志。首先，一个真正的先知必须能施行神迹；第二，他的教导不能与自己国家已经确立的宗教相冲突。⑤ 仅有这两个标志是不够的，《圣经》反复警告说，假先知有时能施行和真先知一样真实的神迹；宣扬既定的教义也不足以使

---

① 《利维坦》，第 31 章，第 396 页(278)。
② 《利维坦》，第 36 章，第 466 页(344)。
③ 《利维坦》，第 32 章，第 411 页(291—292)。
④ 《利维坦》，第 32 章，第 412 页(292)。
⑤ 《利维坦》，第 32 章，第 412—414 页(292—295)；第 36 章，第 467 页(345)。

任何人成为先知,对辨别先知而言,神迹是必要的,但却并不是充分的。

即便如此,区分真正的神迹和纯粹骗人的能力显然有助于防止人们受假先知的误导。霍布斯将神迹定义为"上帝的作为(除了自然的方式,还包括创世时就已注定的),为了向选民说明前来拯救他们的特殊使者的使命"。[①] 这个定义看起来很简单,实则不然。首先,霍布斯认为,上帝施行的很多神迹是为检验人的信仰,而不是为证实谁是他的先知。为证明这一点,他所举的例子非常有意思:他举的是埃及术士的例子,他在稍后的地方称他们为骗子。但是在这里,他说这些人的作为"虽然不像摩西的那样伟大,但也是大奇迹"。[②] 其次,就在阐述他的定义之前,霍布斯明确指出,许多神迹似乎只是在当时看起来是在自然的一般性运作之外。他举的一个例子是世界上第一道彩虹:[③]他说,这道彩虹是一个奇迹,因为它是第一道彩虹;彩虹的出现使那些看到它的人们钦佩、惊奇,并成为上帝向他的子民传达自己意图的一个合适的手段。然而,在那之后,彩虹就变得司空见惯,它们的自然成因已经被人们发现,因此彩虹就不再是神迹了。

事实上,霍布斯提出的我们应承认为神迹的标准,根本就是模糊不清的。首先是陌生感。某个独一无二的事件,或近乎独一无二的事件可能会让看到它的人感到惊奇,而这个事件就很可能是一个神迹。这一标准的困难在于,对某些人来说非常奇怪的事件,对其他人来说却不一定如此。正如第一道彩虹的例子所展现的,一个事件的奇异之处,至少部分取决于观察者以什么样的方式去看。确认神迹的第二个标准更加奇葩,几乎无法让人理解,也就是说,"事情发生后我们无法认为是通过自然方式完成的,而只可能

---

① 《利维坦》,第 37 章,第 473 页(351)。

② 《利维坦》,第 32 章,第 412 页(292)。

③ 《利维坦》,第 37 章,第 470—471 页(348—349)。

是上帝亲手完成的".① 这个标准有严重的歧义。如果霍布斯的意思是,原则上无法设想对某个事件的自然解释时,这个事件就是神迹,那么在这里,这个标准才是非常严格的。但另外一种解读是,仅仅因为那些身临其境的人无法想出某种自然的解释,于是便称该事件为神迹。这种解读与第一种解读截然不同。

有明显迹象表明,第二种解读正是霍布斯真正想要的。他以一项神迹为例。当他第一次提到埃及术士所作所为的时候,他称他们所行的是真正的神迹;但是在十二章之后,他称那些行为虽然极为聪明,却是公然的欺骗。同样,他称第一道彩虹为神迹;但是在同一个段落中,他又指出彩虹已经不是神迹了,因为人们现在已经知道了彩虹的自然成因。霍布斯得出了明确的结论:

> 此外,由于钦佩和惊奇是源于知识和经验的,而人们所具有的经验和知识则有多有少,所以同一桩事情在某些人看来是奇迹,在另外一些人看来却不是奇迹。②

某个事件之所以是神迹,是因为人们认为这些事情是奇怪的,难以给出解释,而不是因为无法解释。在这个意义上,神迹是社会环境的产物。正如霍布斯所指出的,"无知和迷信的人感到十分惊奇的事,在另一些人看来却不是神迹,在知道那是出乎自然(不是上帝所作的工,而是一般的事情)的人看来却完全不感到可惊羡".③ 简而言之,他的分析意味着,真正的神迹与纯粹欺骗之间的区别其实是虚假的。抛开表象,神迹实际上是迷信与无知心灵所炮制的。

---

① 《利维坦》,第 37 章,第 470 页(348)。
② 《利维坦》,第 37 章,第 471 页(349);第 26 章,第 332 页(223)。
③ 《利维坦》,第 37 章,第 471 页(349)。

乍看之下，这个结论似乎非常奇怪。霍布斯看上去极为重视把真神迹和假神迹区别开来的能力。但他为何要提出这种不可能区分二者的标准呢？答案在于他结论的历史性推论。神迹在无知之人中出现要比在受过教育的人之中出现的频次高得多。如果人们理解自然现象原因的能力增强了，他对神迹的经历就会相应削弱。最终，知识的增长可能会导致神迹消逝。神迹会像恐龙那样成为过去，成为历史遗迹。事实上，霍布斯认为这种情形已经发生了：

> 因为在这个时代，从没有一个人看见过应符咒或应一人的呼求与祈祷而完成的任何奇异事物，会使得具有中等理智的人认为是超自然的事。现在的问题已经不是我们亲眼看到做成了的事情是不是神迹（奇迹），我们听到的或在书上看到的奇迹究竟是确有其事，还是凭口或凭笔编出来的，用一句明白的话来说，现在的问题在于这种记载究竟是真实的还是谎言。①

神迹已经停止发生，这是宗教改革运动时期已经形成的司空见惯的教义。② 霍布斯给该教义提供了一种自然主义的解释，严重怀疑神迹这类概念的有效性。如果像霍布斯所说的，所有的神迹都是虚假的，那么预言的概念也要受到质疑，因为成为先知的基本资格，就是他必须有能力行神迹。

在霍布斯的时代，对于声称自己能行神迹、会说预言的人而言，这个观点的影响显而易见，它在政治方面的意义也十分突出：

> 如果有一个人胆敢根据自己或他人的梦、妄称的异象，以

---

① 《利维坦》，第 37 章，第 477 页（355）。
② 《利维坦》，第 32 章，第 414 页（295）。

及非国家所允许崇奉的不可见之灵的力所产生的幻象等而犯法的话，便是背离了自然法（这肯定是一种犯法行为），而听从了自己想象或另一个人的想法；他并不知道这种想法究竟有没有意义，也不知道谈梦的人说的究竟是真话还是假话。这种事情如果每一个人都得到允许去做的话（根据自然法说来，只要有任何一个人获得允许，便人人都应当获得允许），任何法律便都不可能成立，整个的国家便也就解体了。①

即便神迹曾经真实存在，也只有当神迹停止自身存在，且先知预言已成过往的时候，理性的国家才是可能的。而神迹之所以停止了，是因为人们终于得到了充分的启蒙，能透过现象看到神迹的本质。现今尚未完成的是使启蒙全面实现，这项事业会为真正建立霍布斯所构想的国家奠定根基。

---

① 《利维坦》，第 27 章，第 344 页（233）。

第七章 《圣经》与主权者

——伏在主权下的预言

上帝的国度

霍布斯认为，基督教神话中的不朽灵魂，以及对召唤、法术和魔法的信仰，是对基督教教义最广泛也最危险的误解。但是"最大也是最主要的(误解)是对《圣经》的滥用"，他认为，这都源自对上帝国度(《圣经》中经常提及)的误解。① 人们通常认为，上帝的国度是由现有的教会，或所有活着的基督徒，乃至死去基督徒的身体组成。对霍布斯而言，这些观点完全出自对文本的误解。这种误解就像灵魂神话、魔法信仰和当代预言一样，有着极为危险的政治意义。

在《利维坦》第三十一章"论自然的上帝国"中，霍布斯讨论了这个短语的三个不同含义。② 上帝的全能使他成为整个宇宙的统治者，在此意义上，整个世界有时候被称为上帝的国度，但这个短语的第一种含义只是隐喻性的。霍布斯认为，真正意义上的统治，

① 《利维坦》，第 44 章，第 629 页(493)，以及第 630—639 页(494—501)。
② 《利维坦》，第 31 章，第 395—397 页(277—279)。

是以奖赏的承诺和惩罚的威胁为后盾,通过命令来统治人。在这个意义上,无生命的事物以及动物都不能成为上帝的臣民;事实上,无神论者也不能成为上帝的臣民,因为他们不理会上帝的话。也正是在此意义上,上帝在地上有两个不同的国度:其中一个是他的自然国度,上帝通过自己颁布的自然法则来统治这个国度,上帝通过这些法则,将自己的意志传达给那些愿意花时间去辨别它们的人;而另一个则是他的启示国度,上帝在这个国度里,通过颁布实在的法律以及理性的自然法则来统治他所拣选的百姓。

这最后一个含义是上帝的国度在《圣经》中的通常含义。① 上帝的国度是一个真实的、世俗的国度,是由上帝与他所拣选的百姓之间通过盟约建立的。在《新约》中一些凤毛麟角的地方,这个短语被用来比喻上帝对罪恶的统治。然而这种用法并不那么重要,上帝的国度最主要的含义就是这个词字面的意思。

霍布斯指出,这种含义与基督教领域的著作和讲道中普遍使用的含义截然不同。这些文献通常将上帝的国等同于天堂永恒幸福的条件,但这种用法从来就没有体现在《圣经》中。上帝国度最初是由上帝与亚伯拉罕之间的盟约所建立的,这个盟约也适用于所有亚伯拉罕的后裔。② 在此盟约中,亚伯拉罕承诺,自己与他的后裔会永远顺服于上帝,上帝也应许亚伯拉罕,让他的子子孙孙永远占据迦南地。这个时候,上帝并未称自己为王,也没有以国家的方式统治亚伯拉罕的家族,但这个盟约的结果是确立了上帝对亚伯拉罕及其所有后裔的主权。

摩西在西奈山更新了这个原始的盟约。经过双方同意,犹太人建立了民约政府,以调整他们彼此之间的关系,他们对其他国家的关系,以及他们与上帝之间的关系。他们如此缔造的国家是一

---

① 《利维坦》,第 35 章,第 448 页(327)(〔译注〕原文援引麦克弗森版页码错误)。
② 《利维坦》,第 35 章,第 443—448 页(322—327)。

个王国，上帝是这个国家的统治者，摩西与后继的大祭司是上帝的助手。犹太人后来拒绝上帝，是因渴望一位世俗的主权者。

再到后来，耶稣受差遣，来重新建立这个地上的国度，统治上帝的选民。霍布斯认为，耶稣不仅有属灵层面的使命，也有世俗的使命，而这点可以得到《圣经》中几处经文的支持。天使加百列在谈到耶稣的时候说，他将坐在"他父大卫的宝座上"，他的十字架上刻着"犹太人的王"。耶稣遭受迫害和死亡就是因为他宣告自己是百姓的君王，罗马统治者认为，这是对他们自身权力的威胁。有一处经文提到说，他的门徒拒绝承认罗马的法令，"说另有一位王，一位耶稣"，《圣经》中所有这些地方都证实，耶稣是受差遣去恢复上帝对自己选民的统治。这种统治是上帝与亚伯拉罕立约设立，后来由摩西所恢复的。[①]

因此霍布斯总结道，上帝的国度就如这个短语在圣经《旧约》和《新约》中使用的那样，应该被理解为一个真实的国度、现实的国度，这并不仅仅只是对上帝权能的隐喻。霍布斯问道，如果不是这样的话，我们像主祷文那样祷告说"愿你的国降临"，这有什么意义呢？如果我们所说的上帝国度只是指上帝凭借自己的权能统治全世界，那么我们就不能祷告求上帝国度的降临。很显然，主祷文中提到的国，是上帝统治自己选民的地上国度。当犹太人反抗自己祖先通过亚伯拉罕和摩西所立的盟约时，这个国度被推翻了。当犹太人再次接受上帝的主权，并且以基督为上帝代理人的时候，上帝的国度就会被复兴。

霍布斯这种字面解释的文本证据实际上远不是决定性的。他提出的文本的确表明，《圣经》中所提到的上帝国度，并不只是以隐喻的方式表达上帝的权能。这种隐喻性的解释并不是他最为关心的，他的核心观点是，上帝的国度是一个地上的国民共同体，而不

---

① 《利维坦》，第 35 章，第 447 页（326）。

是一个属灵的联合体。后面这种观点在基督教思想中非常流行，在几个世纪以来一直都是大公教会的正统教义。霍布斯所援引的文本中，没有一处能够单独反对这种观点。霍布斯心照不宣地接受了一个前提，即我们是通过《旧约》奠定的模式或模型来解释《新约》。因此他认为，《旧约》中有一项关于基督的预言，就是他必会像摩西一样。[①] 摩西从希伯来人的各个部落中选出了十二个领袖，治理以色列；基督也照样挑选了十二位使徒来做同样的事。摩西选出了七十位长老，协助自己在属灵层面引导以色列百姓，基督也照样挑选了七十位门徒。摩西设立了割礼仪式和逾越节的圣礼；基督模仿摩西的做法，设立了新的洗礼与新的圣餐仪式。基督教普遍接受的观点是，《新约》是完整全备的，因此具有高于《旧约》的权威。霍布斯则颠覆了这种观点，认为基督的工作或职能也是由摩西与摩西的继承者设立的模式所决定的。

事实上在更广泛的意义上，亚伯拉罕与摩西的角色具有典范性。[②] 原则上，二人都是上帝的总督或代领人。上帝是自己选民的主权者，他的权威与那些世俗主权者的权威完全类似。然而，上帝实际上是通过自己唯一的代理人行使这项主权，在与上帝立约之前，亚伯拉罕就拥有对犹太人的主权。上帝对犹太人的主权不是通过直接与犹太人立约设立的，而是通过与（作为犹太百姓授权代表的）亚伯拉罕立约设立的。同样，当犹太人重新与上帝立约时，摩西也是犹太人的主权者；他的权威最早源自以色列百姓的同意，而不是上帝的任命。对犹太人而言，顺服于摩西就是顺服上帝。在成为上帝代理人之前，亚伯拉罕和摩西都是独立自主的主权者，实实在在治理上帝的国度，他们二人在后来仍然是以色列的主权者。

霍布斯从亚伯拉罕和摩西的例子中得出了三个一般性的教训。

---

① 《利维坦》，第 41 章，第 517—521 页（391—394）。
② 《利维坦》，第 40 章。

第一，由于没有直接与之对话的臣民，上帝必须通过他们的君主（无论谁是他们的君主）来颁布自己的命令。霍布斯说，上帝并没有对全体犹太百姓说话。在亚伯拉罕的时代，上帝只对他一个人说话；在摩西的时代，上帝只对这位以色列人的领袖说话。同样，上帝也不经常对自己其他的臣民说话，在没有任何超自然启示的情况下，这些臣民必须把他们君王（也就是主权者）的话当成上帝的话。第二，任何臣民都不能因为声称从上帝那里获得了私人的启示或异象，而免受不服从的惩罚。亚伯拉罕与摩西都没有给予这样的豁免，其他的主权者也没有义务给予这般豁免。第三，任何一个基督教国家的成员都没有权利以与主权者相悖的方式来解释上帝的话。上帝只对伯拉罕说话，只有亚伯拉罕有权利解释上帝的话语，而其他国家的主权者也和亚伯拉罕一样，享有同样的权利。

因此，霍布斯将亚伯拉罕与摩西所设立的模式作为所有主权者的典范，以及基督对犹太人施行统治的典范。亚伯拉罕与摩西的统治究竟应不应该被视为这样一种典范？没有文本能支持霍布斯的这种观点。但是霍布斯之所以将亚伯拉罕与摩西的统治视为典范，与他解释上帝国度的目的是一样的。霍布斯坚持认为，上帝的国度是一个真实的、世俗的国家，这是为了支持自己政治理论的一般结论：在任何国家，或者至少在任何基督教国家，宗教事务的最高权威必须留给世俗的主权者。通过论证《圣经》所描述的上帝的国度是一个字面意义上的国家，霍布斯得以认为在《圣经》历史中，没有属灵权威与世俗权威之间的分别：

> 总体来说，从上帝国最初建立到巴比伦被掳时止，宗教最高权力和世俗主权一直是同时受控于一人之手，祭司的职位在选出扫罗为王以后就是副贰之职，而不是主管之职。①

---

① 《利维坦》，第 40 章，第 509 页（384）。

　　霍布斯心照不宣地将亚伯拉罕与摩西所建立的政府形式视为后世国家模仿的典范,[1]他表示,不应该存在属灵权力与世俗权力这样的区分。

　　这些论述的主要对手当然是天主教。属灵权力(或教会权力)与世俗权力之间的区别坚实地支撑着天主教。这种区分提供了一个杠杆,历任教皇通过这个杠杆,逐渐确立了在基督教世界自己对世俗君主的统治地位。随着时间的推移,这种理论已经成为制度化的实践,造就了这种优越地位,神职人员与世俗人士之间的区别(最早的基督教中并不存在这种区分)是第一个获得普遍承认的原则,主教加冕的做法则是后来增加的。有人认为,这种做法意味着神职人员优于世俗统治者,因此受到查理曼大帝的抵制。另一个例子是,教会法是一个不同于世俗法律的法律框架。随着 12 世纪《格拉提安教令集》[2]的普遍接受,这种观念羽翼渐丰。最后,神职人员的利益完全将教会人员从世俗中分别了出来。人们免除了世俗法院对神职人员的管辖权,神职人员即便犯下谋杀这样的极端罪行都不再由世俗法院管辖。[3] 现在至少在理论上,神职人员完全不受世俗主权者控制。但所有这些教义和实践都根植于两个基本论点:属灵的权力在本质上不同于君主的世俗权力,罗马教皇是

---

① 相比之下,乔尔·施瓦茨(Joel Schwartz)认为,古希伯来语中"上帝的国度"不是霍布斯的典范,而"即将到来的上帝的国度"是"霍布斯式的乌托邦"。关于这个有趣但略微久远的观点,请参阅《霍布斯和上帝的两个王国》,*Polity* 18(1985),第 7—24 页。

② [译注]《格拉提安教令集》(拉丁语:Decretum Gratiani)或《歧异教规之整合》(拉丁语:Concordia discordantium canonum),是公元 12 世纪编写的教会法汇编,作者据称是意大利的格拉提安(意大利语:Graziano [giurista]),《格拉提安教令集》后成为六册本《教会法大全》的第一部分,其效力一直维持到 1234 年教宗额我略九世颁布《额我略九世教令集》(英语:Decretals of Gregory IX)。《格拉提安从教令集》所述教会法汇编中收录大量教父文献,并引用丰富的《圣经》文句。该书所涉及的所有重要法律事项都考订精审,为后世的教会法学者对教会法典系统化提供了一个基础和范例。

③ 《利维坦》,第 44 章,第 630—633 页(494—496)。

整个基督教世界属灵权力的合法拥有者。根据这个观点，天主教会正是当下的上帝国度，是由所有信徒的属灵联合所建立的团体。

霍布斯坚决抵制这些观点。他说，不管人们如何称呼权力，权力就是权力：

> 因为这种俗权与教权的区别只是一堆空话。权力实际上总是被分割了。和另一间接的权力当局分享就像跟另一直接的权力当局分享一样，对任何目的说来都是危险的。①

天主教在世俗权力和属灵权力之间所作的区别只是空谈，其目的一直都是掩饰教会尽力篡夺对基督教世界世俗主权的控制。仅凭这点就可以说明，为何霍布斯对该教义的解释迄今为止都未获得人们普遍接受这个事实：

> 此外还有许多其他地方都证实了这种解释，以致让人感到奇怪的是它为什么没有更多地得到注意，除非是因为它过于让基督徒国王看出他们对教权政府的权利了。②

有些人认为，《圣经》中提到的上帝国度只是一个属灵王国，这种观点显然是错误的，为这个观点作任何其他的解释都是行不通的。这是一个讳莫如深的曲解，为的是向基督徒君王掩盖主权的真实状况。

霍布斯争论的第二个目标是加尔文主义者的观点，即上帝的国度随着基督的复活而复兴。霍布斯同意加尔文主义者的观点，

---

① 《利维坦》，第 42 章，第 600 页(467)。

② 《利维坦》，第 35 章，第 447 页(326)。霍布斯在一篇反对红衣主教贝拉明的冗长而巧妙的辩论中，进一步发展了他反对教会权力至上的论点。《利维坦》，第 42 章，第 576、609 页(444、474)。

认为上帝的国度是一个真实的、世俗的王国，在这个国度里，属灵的权力和世俗的权力融合在一个权威里。然而加尔文主义者坚持认为，这种权威并不是世俗的主权，而是长老会的权威。霍布斯无法认同这个观点，对他而言，这种解释比天主教的观点更难反驳。泰奥多尔·贝扎(Theodore Beza)①是加尔文事业在日内瓦的继承者，他找到了关键的经文，也就是耶稣对使徒们所说的："我实在告诉你们：站在这里的，有人在没尝死味以前，必要看见上帝的国大有能力临到。"②霍布斯承认，从字面上理解，这段经文意味着要么上帝的国度在当下就已经存在，要么与基督说话的那些人中，有些仍然活着，等候着那个国度的降临。后面这种解释似乎是荒谬的，所以看上去不得不选择前面这种解释。但是霍布斯指出，《圣经》中还有其他地方与这个结论相矛盾。就在基督升天之前，他谈到上帝国度的复兴将会在未来发生，这次讲话与上帝国度在基督复活时已经建立的观点并不一致。保罗也谈到，等到基督再来的时候复兴他的国度。《主祷文》是霍布斯最喜爱的经文之一，其中有句名言，崇拜者祈求上帝让"你的国降临"，这暗示上帝国度的到来仍是未来的事情。霍布斯认为，有了这些反对证据，对耶稣话语最明显的解释也不可能是对的。

针对贝扎提出的那段经文，霍布斯的解释是，无论是在《马可福音》还是在《路加福音》中，这句话要参考随之发生的事件来解释，这个事件就是"登山显荣"。在"登山显荣"中，基督以一种容光焕发、身体改变的状态出现，并亲自与先知以利亚和摩西交谈，他的三个门徒目睹了这一事件。霍布斯推测，正是通过这番景

---

① ［译注］泰奥多尔·贝扎(Theodore Beza)，又译狄奥多·贝沙，或泰奥多尔·德贝兹，是一名在早期宗教改革运动中扮演了重要角色的法国籍新教神学家与知识分子，加尔文的重要门徒。他是反君权运动(Monarchomaques)的成员，反对绝对君主制。

② 《利维坦》，第44章，第640页(502)；这段话来自《马可福音》9:1。

象,基督的应许才得以实现。有些门徒看见上帝国度大有能力的临到,但他们看到的不过是异象,而不是这个国度在地上真实的样子。

霍布斯认为,不论这段经文的真实意思是什么,《圣经》已经证实,上帝的国度并不是从基督复活的时候开始的,这个国度始于基督第二次降临。因此长老会声称自己代表这个世界上真正的上帝国度,这是毫无根据的。长老会试图宣告自己是上帝在地上国度的守护者,直接主张他们的教会具有管辖权,能够统治世俗的主权者。相比天主教的主张(世俗权力和属灵权力之间存在似是而非的区别,以获得对主权的政治控制),长老会的主张更不合理,他们的所作所为更具破坏性。

无论是长老会还是天主教,二者都从根本上误解了教会权力的性质和轨迹。天主教徒认为,教会的权力在本质上不同于世俗的权力:上帝国度是一个现存的,由教会权力管理的,所有基督徒的属灵联合;罗马教皇是这一权力的合法继承者。长老会认为,教会的权力与其说不同于世俗权力,不如说优于所有世俗的权力。上帝的国度是一个真实的、世俗的王国,而不仅仅是所有基督徒的属灵联合。每个独立城市或国家的长老会,是这项权力的合法持有者。长老会拒绝像天主教那样,区分教会权力和世俗权力,这个观点在霍布斯看来是正确的,但主张教会权力优于世俗权力则是错误的。长老会拒绝像天主教那样,认为上帝的国度仅仅是一个属灵的共同体,这点也是正确的。但长老会的信徒认为,这个国度已经随着基督的复活而临到,并且存在于现今的时代,这种观点则是完全错误的。

霍布斯强调说,这些错误并不仅仅只是出于天真的误解,它的后果非常恶劣。天主教和长老会的教义都是在篡夺合法的主权权威,助纣为虐。即使他们未能实现自己的最终目的,这些篡夺企图已经成功模糊了人们的理解。这么做的后果是严重削弱了世俗主权者的权威：

> 教皇声称他在全世界普遍具有这种基督之下的王权,而在各个国家中则是当地的教士会议声称具有这种王权(其实《圣经》并没有将王权给予其中的任何一方,而只给予了世俗主权者);围绕这种王权竟至发生了这样激烈的争论,以致熄灭了天性之光、在人类的悟性中造成了极大的黑暗,使他们看不清自己究竟允诺服从于谁。①

几乎可以肯定,对霍布斯来说,解释《圣经》可以获得一个结论,即那些拥有世俗主权的人,也必须拥有管理教会事务的最高权力。因此他认为,要了解教会权力的真正地位,我们必须将基督升天以来的历史分为两个时期:第一个时期是从耶稣升天到世俗君王们皈依基督教;第二个时期是从那时开始直到今日。② 在第一个时期最开始的时候,教会的权力属于使徒们,他们被基督亲自挑选出来,继续发展他的事业。此后,这项权力由使徒传递给他们任命的继承人,以继续推动这项事业,他们传授基督教教义的使命是通过按手礼来委任的。因此,在第一个时期内,教会的权力从基督传给他的使徒们,又从使徒那里传给他们任命的继承人,为的是继续教导基督教的教义。③

在任何意义上,这种权力都不是强制性的。这是一种教导的力量,是一种说服人们相信上帝,并劝勉人们以基督为榜样的力量。④ 这种权力不包括惩罚拒绝跟随基督教导之人的权力,也没有减损每个人以自己的方式解释《圣经》的自由。在世俗君王皈依

---

① 《利维坦》,第 44 章,第 630 页(494)。
② 《利维坦》,第 42 章,第 521 页(394)。
③ 《利维坦》,第 42 章,第 521—524 页(394—397)。
④ 《利维坦》,第 42 章,第 524—545 页(397—398)。

基督教之前,并不存在权威的《圣经》解释,每个人都可以自由地同意或拒绝任何他喜欢的解释。即使在各个独立的教会集体决定了它们将传讲的解释之后,这点仍然是真实的:

> 发生困难时,使徒和教会长老就聚集在一起,确定应当传布和教导哪些内容,并怎样向百姓解释圣经,但却没有取消百姓自行阅读并为自己解释圣经的自由。①

在世俗君王皈依基督教之前,教会领袖们从未剥夺人们按照私人的想法解释《圣经》的权利。

世俗君王们皈依基督教,结束了这一时期的无政府状态,开创了教会权力的新层面。《利维坦》第二部分关于国家的一般理论表明,世俗的主权者必然有权利决定在他们的国土上教授什么教义。② 该原则更适用于那些接受基督教教义的基督徒君主,而不是异教君主。随着他们的皈依,基督徒君主在自己的领土之内,获得了最高的教权。主权者任命的牧师传讲基督教教义,取代了使徒职分的传递以及按手礼。③ 基督徒按照自己的意思解释经文的权利从此不复存在了,这项权利成了世俗主权者的专有权利。因此,随着世俗君王们皈依基督教,世俗权利与教权就结合在了一起。

正如一位学者近期指出的,霍布斯解释《圣经》所得的这个结论与他政治哲学的核心观点相一致,这绝非偶然。④ 主导他解释

---

① 《利维坦》,第42章,第544—545页(416)。
② 《利维坦》,第42章,第567页(436)。
③ 《利维坦》,第42章,第569页(437)。
④ 艾森纳赫,《自由主义的两个世界》,第68页。艾森纳赫的论点仍然比波考克的论点更接近真理,波考克认为,霍布斯从《圣经》中推导出来的历史权威结构存在于基督教国家中,与他从《利维坦》前半部分的政治哲学中衍生出来的结构"直接和潜在的竞争共存"。见《时间、历史和末世论》,第166页。

《圣经》的原则排除了任何可能的冲突,因为那种政治哲学的结论是以对上帝"自然之道"的解读为基础的。因此,在对《圣经》的解读中,霍布斯都是以自然哲学的结论为前提的。在这个意义上,神圣历史的结论与政治哲学的规定之间没有冲突的余地,就像《圣经》中使用"灵"和"法术"这样的术语,与我们对自然世界的认识并不矛盾一样。我们知道《圣经》中这些术语的含义,是因为我们知道这个世界只不过是受机械运动定律的支配。同样,神圣历史的结论被严格限制在政治知识所强加的范围之内,这些政治知识来自"人类本性,这是我们通过经验和普遍认同的定义所了解的",也就是来自"唯一的自然原则"。① 鉴于霍布斯的第一个《圣经》解释原则排除了在这些神圣文本中找到任何与"自然理性"相悖事物的可能性,神圣历史的发现从一开始就注定要与政治哲学的发现相一致。

霍布斯解读圣经历史的核心结论是,在世俗君王皈依基督教之后的整个时代,教会权力和世俗权力必须统一于单一的主权者手中。甚至在这个时代之前,"所以在一切异教徒的国家中,主权者都称为万民之牧(教士);因为任何臣民除了得到他们的允许和批准以外,都不能合法地向百姓宣教"。而且必然是如此:

> 因为即使是最平庸的人也能看出,人们行为的根源,是他们对于这种行为究竟将为自己带来什么样的好坏结果所抱有的看法;所以人们一旦具有一种看法,认为自己服从主权者所受到的危害比不服从大时,他们就会不服从法律,以致起而推翻政府,酿成混乱与内战;一切世俗政府的建立,就是为了避免这一点。②

① 《利维坦》,第32章,第409页(290)。
② 《利维坦》,第42章,第467—568页(几乎涵盖整个第42章)。

神圣历史的结论绝对不可能与政治哲学的结论相反,因为政治哲学的结论仅仅是健全政府的简单原则。这个原则告诉我们,除非"国王成了教士或教士成了国王",①否则任何符合理性的国家都不可能存在(正如霍布斯援引柏拉图所言)。

《圣经》权威的基础

最高的教权转移到基督徒君主手中,使他们有权决定《圣经》的编纂和解释。霍布斯指出,《圣经》权威的真正来源极具争议性:

> 《圣经》的权威来自何处乃是基督教各教派争论得很多的问题。这一问题有时也用其他方式提出,比如:我们怎么能知道《圣经》各篇是上帝的话;或我们为什么相信《圣经》是上帝的话,等等。解决这一问题的困难主要来自表达问题所用的字眼不恰当。②

这些问题之所以如此难以回答,是因为人们的问题提得不是很充分。各方都同意,《圣经》权威的最终来源是上帝,因此,这个问题没有争议。除了那些领受了超自然启示知识的人,没有人能知道《圣经》是上帝的话语。因此,这个问题提得不够好。至于我们的信仰,霍布斯认为:"因为一些人是出于某种原因而相信,而另一些人则因其他原因而相信,所以不存在对所有人都适用的普遍答案。"③对信仰的解释如此之多,以至于不存在某种单一的答案。争论的源头是另外一个问题:究竟是什么权威使《圣经》成为法律?

这个问题的答案非常简单。除非是君主授权,否则《圣经》的

---

① 《利维坦》,第 42 章,第 545 页(416)。
② 《利维坦》,第 33 章,第 425 页(305)。
③ 《利维坦》,第 33 章,第 425 页(305)。

任何部分都不能成为法律。这毫无疑问是真实的,甚至在《新约》出现之前,这也是真实的。"十诫"是《圣经》中最早具有强制力的法律,①这些法律是上帝自己制定的,在此意义上,这些法律的权威出自上帝。但是,这些法律只有通过摩西的法令,也就是通过犹太人的世俗政权,才获得充分的法律效力。后来,还有其他的法律被涵盖进来(在《申命记》中),那些法律也是由摩西授权的。除了世俗主权者以外,任何其他的权威都没有将《圣经》视为法律。这个结论在现代仍然是成立的——《圣经》正是从世俗主权者的授权中获得自身法律效力的。②

　　这个结论是微妙的,但却能有效支持一个旷日持久的讨论,也就是有关《圣经》作者与编纂者的讨论。③ 乍看之下,这个讨论与霍布斯的结论之间没有什么关系。如果《圣经》(或其中某些部分)只是由世俗主权者赋予了法律效力,我们为什么需要确定《圣经》的原始作者与编纂者呢?我们所需要的只是能够辨别出具有权威性的书卷,而主权者的法令已经可以做到这一点。这个结论给人的最初印象是,霍布斯的大部分论述都是毫无意义的。然而这个讨论真实的意图可能不同于其表面目的(也就是确定《圣经》各个书卷的正典性以及其作者)。在这个过程中,霍布斯反复提醒人们注意,《圣经》是由人写作和编纂而成的。虽然上帝是最终意义上的作者,但是其文本是由人写的,也是由人将这些文本编纂成为一个整体。要做成这些事情,人们不得不作出很多选择,这些都是人的选择,不是必须要受上帝的启示而为的。简而言之,《圣经》是人造之物,人为性(甚至是任意性)体现在《圣经》编纂以及各个部分的选取中。如果《圣经》本身就是这样一种人造之物,那么说它的法律效力出自主权者,这就没有什么好奇怪的。

---

① 《利维坦》,第 42 章,第 545—552 页(416—423)。
② 《利维坦》,第 33 章,第 415、426 页(296、306)。
③ 《利维坦》,第 33 章,第 416—425 页(296—305)。

　　该结论怀疑整本《圣经》的独立权威,但这可能并不是霍布斯分析中最值得怀疑的内容。我们已经看到,在《利维坦》第三部分《圣经》解释的开头,霍布斯拒绝说出我们信仰《圣经》的原因,他认为这个问题不可能存在单一的答案;但是在《圣经》解释部分的最后一章,霍布斯推翻了自己的论断。他认为我们相信《圣经》是上帝的话的一般原因,和相信所有其他信条的原因相同,也就是“听了法律允许和指定教导我们的人所说的话。在家庭中是父母,在教会中是教士”。① 从婴儿时期起,人们就开始学习基督教信仰和《圣经》。如此多的人信奉基督教,并将《圣经》视为上帝的话语,这不足为奇,他们一生都被告知要这么做。由于这种信仰在终极层面是上帝的恩赐,所以他可能会剥夺有些人的信仰。但现在霍布斯强调的是人的教导,《圣经》本身的成书、《圣经》在一个国家中的法律效力,以及我们对《圣经》作为上帝之言的信仰,在这个意义上都是人所设计出来的人造之物。

　　《圣经》和信仰本身的人为性都无法提供足够的理由否认信仰作为一种理解上帝话语方式的有效性,但霍布斯分析的含义对下面这个论点产生了严重的怀疑,即《利维坦》后半部分的《圣经》解释与历史评述形成了他“作为一种启示真理体系的信仰研究”。② 在《法律要义》中,霍布斯已经将信仰视为一种意见,他认为“我们不能知道信仰的内容”,因为其“无法被真理或谬误来评价”。③ 在那本著作中,信仰不是任何类型的知识,既不是科学知识,也不是历史知识。《利维坦》第九章的知识框架中删除了信仰与神圣历史,这同样预示着信仰和知识之间的尖锐的对立。④ 事

① 《利维坦》,第 43 章,第 614 页(479)。
② 波考克,《时间、历史与末世论》,第 163 页。
③ 《法律要义》,Ⅰ. 6. 6,7。
④ 波考克在《时间、历史与末世论》中提到了这种删除,但他并没有作出解释。参见这本书的第 160 页。

实上,霍布斯在《利维坦》中注意到,"基督徒不是知道,而是只相信《圣经》是上帝的话"。① 对他而言,《圣经》首先是一部充满修辞和欺骗的历史。上帝的"预言之道"实际上是一份普通的人类文献,人们选择编纂这份文件的动机有些时候远不如信徒们所认为的那般纯粹。

尽管霍布斯没有明说,但这种对预言地位的深刻怀疑,却是霍布斯对神迹历史性合乎逻辑的推论。如果预言必须像他所说的那样,靠行神迹来证实自身有效,而神迹实际上又只不过是无知造成的(正如我在上一章中分析霍布斯论证的时候所指出的),那么似乎可以得出结论说,预言本身也是无知的产物。因此《圣经》中上帝的预言话语唯独因世俗主权者的授权才具有法律效力,除此以外的主张都根植于在神迹中滋养信仰的无知心灵。如果因为人们已经得到了足够的启蒙,能够看透神迹,导致神迹已经停止了,那基督教的《圣经》岂不也要面对相同的命运吗?②

霍布斯当然没有直接提出这个问题。他如果真这么做了,那无异于自杀。无论如何,没有必要去挑战《圣经》的权威。作为一种修辞策略,更有效的办法是表面上接受这种权威,并且通过提出问题,在读者心中植入怀疑,将其转向自己的目的。但是这个目的很明确,就是要颠覆新教与天主教神学的诸多核心原则,并用霍布斯自己的理性基督教教义取而代之。

霍布斯构想的基督教教义,几乎完全抛弃了自始就与基督教相伴的神秘要素。他放弃了将灵魂视为一种神秘属灵物质的观

① 《利维坦》,第 43 章,第 614 页(478),强调已加。
② 胡德认为,霍布斯完全真诚地接受了《圣经》的权威,这个假设忽略了它某些论点的含义,最终只是基于以下观点,即"从历史角度看更可信的是,他相信自己写下的东西更胜于用舌头写在面颊上的东西"(《神圣的政治》,第 253 页)。然后,就连胡德也承认,霍布斯有时候会作"谨慎的删减",故意隐藏他在某些政治问题上的"整体想法",所以偶尔也会显得"有些不真诚"(第 1 章,第 248、126 页)。

念,取而代之的是,将灵魂乃至整个宇宙都看成是通常的物质;灵魂就和其他的物质一样,在本质上是必然要朽坏的。这个观点会导致一个极为重要的结论,即没有人会在尘世生命结束的时候在地狱里遭受永恒的折磨。没有地狱,也没有炼狱——这些地方都是一些人为了吓唬更多无知的信徒而虚构出来的。启蒙的人,理性的人(那些拒绝为神秘事物而诡辩的人)不再会被这种迷信产生的恐惧所侵扰。

霍布斯重新解释《圣经》所抨击的第二个对象是传统上对基督教圣礼的神秘解释。圣职人员对圣餐、圣礼和其他基督教仪式的解释,只不过是想通过欺骗获得对人的权力。如果要说这些神职人员宣告的魔法力量与那些埃及术士有什么不同,那就是这种宣告更不可信。这种由天主教神学家们所提出的宣告也不是以超自然权力的假象欺骗人们的唯一形式。尽管宗教改革有助于压制天主教所谓的法术,但也为许多假先知和假神迹开辟了道路。在霍布斯看来,所有这些当代先知的预言必然是错误的。即便预言和神迹曾经真的发生过,这些现象也早已成了过去,现在剩下的只是《圣经》中所记载的上帝的预言,这个词作为真理来源的有效性甚至都是非常可疑的。世界是按照自然界严格的、机械运动的规律来运作的,任何妄称行过神迹的人都是骗子,任何相信自己见过神迹的人都是傻子。

霍布斯《圣经》解释的第三个(也是最后一个)要点是,《圣经》中所说的上帝国度并非现今任何教会,既不是天主教会,也不是新教教会。天主教将上帝国度解释为属灵力量所统治的领域,这个观点毫无根据。《圣经》中的上帝国度永远是一个真实的、世俗的国度,完全不是天主教信徒假想的那种所有信徒神秘的联合。长老会的解释虽然更加合理,但也是错误的。仔细阅读《圣经》可以发现,直到基督再来的时候,上帝国度才会临到。这类将上帝的国度等同于现今教会的企图,只不过是神职人员从

（正当拥有这些权力的）世俗主权者手中篡夺权力的又一个案例。权力就是权力，无论人们称之为属灵的权力，还是世俗的权力。当这种企图成功时，在世俗领域之内主张神职人员权力就造成了灾难性的后果。这种神职人员的权力也要求百姓的服从，从而与同样要求百姓服从的世俗权力产生冲突，并因此摧毁了国家存在的基础。

霍布斯对《圣经》的论证合起来指向了（有位学者所说的）基督教的重新塑造。① 但他为什么要重塑基督教？是要将基督教变成一种公民宗教，与霍布斯所想的主权权威相容，却任由人类作为宗教动物的本质不变吗？② 就《论公民》而言，这种解释可能是正确的。在那本著作中，他的主要论证是揭露对上帝国度的错误理解，并以之来调和基督教的根基上的属灵教义与绝对主权的要求。然而《利维坦》的神学论证远远超越了他早期的著作，这本著作有着不同的重心。在这本书中，对上帝国度一些方面的讨论更加彻底。但是他大部分论述都是为了戳穿那些灵魂与法术的信仰，霍布斯认为，这些信仰栩栩如生、强而有力，但是在本质上，它们是非理性的，是人类想象放荡不羁的产物。《利维坦》第三部分的目的不仅是铲除基督教中那些最为反对绝对主权的教义，更确切的说，这部分是想找到迷信的根源，让人们认识到，他们对自己的本性以及宇宙本性所持有的某些信念虽然根深蒂固，却不符合理性。霍布斯在这里不只是勾勒出公民宗教的原则，供某位未来主权者加以制度化；他在这里是要推动一种激励人心灵发生转变的大胆尝试，彻底改变人们对自己的认知方式。人们总是依赖一些概念和范畴构建的更加宽广的棱镜来解释自身的经历；霍布斯则通过图像化与生动活泼的方式（尽管不一定

---

① Sherlock，"Theology of Leviathan"，p. 47.

② Sherlock，"Theology of Leviathan"，p. 46、48.

科学的方式），向人们展现他们用来解释自己经验的这些概念和范畴是不现实的或是荒唐的。霍布斯对基督教的重塑则是这样一种尝试，将人们转变为理性的、可预测的存在，使他的政治社会愿景得以实现。

第八章　位于十字路口的主权

——历史视野中的当下

　　霍布斯预计，对他政治学说最大的反对是，有人可能会说他的想法不切实际。批评家们会说，历史上从未出现过他所设想的那种国家。"最大的反对理由是实践方面的，人们会提出疑问：臣民何时何地承认过这种权力呢？"[1]有些时候，霍布斯本人似乎认为这个反对意见是不可挽回的：

　　　　这种学说跟世界大部分地区的实践相去甚远，尤其跟我们这接受罗马与雅典的伦理学的西方世界的实践相去甚远，同时，掌管主权的人所需要的伦理哲学又极深；考虑到这一切之后，我几乎认为自己费这一番力就像柏拉图搞出他那共和国一样没有用处了。[2]

　　霍布斯强调，他的学说尤其与西方实践相矛盾，这点是具有启发性的，并且使人想起他曾经将绝对权力视为是古代主权者所享有的。[3] 尽管如此，反对意见看上去还是强而有力的。人们怎么

---

[1]　《利维坦》，第 20 章，第 260—261 页(162)。

[2]　《利维坦》，第 31 章，第 407 页(288)。

[3]　《论公民》，前言，第 6 页。

能期望这种如此新奇,且完全违背那些国家传统的学说能够真正
实现呢? 在他政治哲学的原则与人们长期以来习以为常的政治学
说和实践所体现的原则如此格格不入的前提下,怎么可能用这种
国家的优点来说服人们呢? 即便可以在理论上说服他们,那些根
深蒂固的习惯是否会成为在落实这些原则的道路上不可逾越的障
碍呢?

　　霍布斯敏锐意识到,这些反对意见非常严重。但在他看来,这
些意见终究没有说服力。他指出,首先,过去经验很难为政治与政
府的实践提供好的指南:

　　　　那我们就可以反问道:在何时何地有过一个长期没有骚
乱和内战的王国呢? 在某些民族中,其国家能长期存在,非经
外患,未曾灭亡,那些民族的臣民便从来没有对主权发生过争
议。无论如何,没有深入研究,没有以精确的理智权衡国家的
本质与成因,并且每天遭受那些由于无知而产生的痛苦,那么
为这种做法提出的论据就是无效的。因为纵或全世界的人们
都把房屋的地基打在沙滩上,我们也不能因此就推论说房屋
的地基应当这样打。①

　　在使国家免于反叛、煽动和内战的方面,普遍的做法是彻底失
败的。经验远远没有构成对霍布斯政治原则的反对,霍布斯反而
是通过展现已经确立的政府形式完全破产的图景,最终确证了自
己那些政治原则。

　　第二,霍布斯认为,现今存在一种现实的选择,可以替代过去
的实践,从而成为实践的政治指南:

---

① 《利维坦》,第 20 章,第 261 页(162)。

时间和劳动每一天都在产生新知识。良好的建筑艺术是从理性的原理中得来的，而这些原理则是勤勉的人们在人类开始笨拙地进行建筑以后很久，才从长期研究材料的性质以及形状与比例的各种效果的过程中观察到的。同样的情形，在人类开始建立不完善和容易回到混乱状况的国家以后很久，才可能通过勤勉的思考发现使国家的结构除受外在暴力的作用外永远存在的理性原理。①

正如他在别处所说的那样，"创立和维持国家的技艺正如算术和几何一样在于某些法则，而不像打网球一样只在于实践"。② 只有通过推理的技艺，才能发现牢靠的政治基础的本质，而不是仅仅依靠习惯或经验。现在人们知道可以在理性原则的基础上构建最佳的国家，这些理性原则就体现在霍布斯公民哲学的原理中。要验证这些原理无与伦比的优势，唯一要做的就是在实践中实施它们。

但这种实施想起来容易，做起来难，仅仅知道建造国家的规则是不够的。最早发现几何原理的多年之后，人们才从中受益。有时候要等到几百年之后，人们才在实践中实现这些原理。像力学这样的应用科学必须得到发展，人们必须找到合适的材料按照力学的规则进行加工。到这些条件都具备的时候，几何原理才能被应用于实践中。公民哲学也必须走过类似的道路，然后才能付诸实践。就好像建筑材料一样，建造共同体的人类材料必须首先要符合建筑师的要求：

因为当人类最后对于紊乱的互相冲突、互相残杀感到厌

---

① 《利维坦》，第 30 章，第 378 页(262)。
② 《利维坦》，第 20 章，第 261 页(162)。

倦以后,便一心想要结合成为一座牢固而持久的大厦;在这种
情形下,一方面由于缺乏技艺,无法制定适当的法律使彼此的
行为互相一致;另一方面又缺乏谦恭和忍耐,不肯将自己现在
这种庞然大物的材料上粗糙而碍事的棱角削去,其结果,没有
十分能干的建筑师的帮助,所砌成的建筑物就不可能不摇摇
晃晃;这种建筑物在他们自己的时代就很难支撑,而将来则一
定会倒下来打在他们子孙的头上。①

　　在科学上作出正确的设计对国家的成功至关重要;但仅仅只
有适当的设计,还不能确保成功。材料首先必须符合规格,如果不
先从组成国家的人们的性格中削去那些"粗糙而碍事的棱角",这
个国家就不可能长久。如果组成国家的结构是合理的,那么组成
国家的人就必须首先要改变。

　　正如我们所见,霍布斯要将政治社会的概念付诸实践,就需要
激进的人性转变。霍布斯实际上是要改造人类的心灵,根除那些
错误和迷信的杂草,这些杂草迄今为止还是那么顽固坚实、近乎催
眠地支配着人类的想象力。但是这种转变真的有可能实现吗? 如
果有可能的话,霍布斯究竟有什么理由相信,他政治哲学所要求的
那种观念的根本改变是可以实现的?

　　众所周知,霍布斯认为他所处的是一个意识形态和政治事务
异常动荡的时代,他认为,17 世纪中叶为政治变革提供了非同寻
常的大好时机。霍布斯设想的那种广泛的文化转型是有可能实现
的。他将自己所生活的世代,看成是一个伟大的政治机会,最能表
现这种看法的是他自然状态的概念。对于霍布斯而言,自然状态
所代表的并不只是政治权威的瓦解。更确切地说,这个概念描述
了近乎原始混沌、绝对无序甚至是毁灭的时刻,在某些方面甚至可

―――――――――――――――――――

① 《利维坦》,第 29 章,第 363 页(249)。

以和宇宙诞生之前的状况相比。① 简言之,对霍布斯而言,自然状态等同于任何有意义的社会交往能力的土崩瓦解。如果以这种方式将霍布斯的自然状态理解为一种绝对的匮乏,他政治哲学中那种激进的重建要求就可以被视为一种貌似合理的政治创造行动。

　　然而在某些方面,霍布斯自然状态造成的混淆和这个概念带来的启发一样多。他的政治哲学分析坚持认为,绝对秩序与绝对混乱之间不可能存在中间道路,主权每次土崩瓦解都同样彻底。霍布斯肯定不是真正相信这个结论,这不符合他对历史的解读。如果在某种意义上,自然状态是霍布斯对政治与文化变革可能性的完美表达,这种信念的根基就在于他对历史的解读,这种解读在一些重要的方式上削弱了霍布斯对政治秩序与政治混乱所作的那种临时分析的刻板性。霍布斯为什么相信他设想的那种文化转型存在真实的可能性? 为了理解这点,我们必须暂时将混沌、国家以及混沌向国家的转变的那种永恒的、严谨的逻辑分析(霍布斯的分析正是以此闻名)放在一旁,将注意力放在他对历史的解释上。这是一个几乎被霍布斯的批评者完全忽视的领域,其核心主题是基督教的起源、腐化和衰落。

基督教的起源

　　霍布斯认为,对事物自然原因的理性探究,必然会使人想到上帝。当人们通过所发现的原因解释某个结果的时候,这些原因就成了下一个研究对象。为了解释这些原因,人们必须寻找在先的原因。如此开始的因果链必然指向这样一个观念,即一定存在一

---

① 在讨论霍布斯的自然状态方面,作出最深刻批评的文献是 Wolin,*Politics and Vision*, ch. 8,以及 Manfred Riedel,*Metaphysik und Metapolitik* (Frankfurt: Suhrkamp, 1975), pt. 3,亦参考 Ball 的论文"Hobbes' Linguistic Turn",将这篇文章与修昔底德对科西里安革命余波的讨论对照来看,非常有启发性。

个第一因,对于这个原因而言,并不存在任何在先的原因。这种第一因的观念就是人们所说的上帝,任何从事严肃探究的人,都会被这种推理链条所引导,去相信有上帝的存在。但这种上帝概念完全是抽象的,不可能用理性的手段去推断上帝的任何特征或属性。无限、全能以及全知这些我们用来形容上帝的词汇并不能描述上帝的本性。这些词汇在本质上都是负面的,我们只是通过这些词来想象自己在上帝面前毫无能力,以此表示自己在上帝面前的敬虔。理性的探究使人们相信存在一位上帝,但这种探究也迫使人们承认,理解上帝或者构想上帝的形象,这类活动超出了他们的能力。①

然而,这种理性、抽象的上帝概念绝不是宗教信仰的通常基础。在一般意义上,无知和恐惧才是宗教信仰的基础。"无知的人"喜好假设某些看不见的力量,并对自己想象出来的这些力量充满敬畏。他们创造了自己的诸神,赋予他们各种各样的品质,使他们成为自己畏惧的对象。在历史中,当宗教建立在这种基础上时,就只是一种迷信:"这种对不可见的事物的畏惧便是每个人自己称作宗教的自然种子;还有人不用这种方式敬拜或畏惧这种力量,它在这些人身上便成为迷信的自然种子。"②这段话直截了当地表明,宗教与迷信的区别纯粹是主观的、虚幻的。虽然霍布斯后来区分了假宗教和真宗教,但重要的是注意他明确提出的观点,即两种宗教都是从相同的种子中产生的,即"对鬼的看法、对第二因的无知、对所畏惧的事物的敬拜、将偶然事物当作预兆"。即使他对"根据自己的独创加以栽培和整理"培育宗教的领导者和"根据上帝的命令与上帝的指示"培育宗教的领导者之间的区分是真诚的,霍布斯都认为,他们追随者的信仰(无论是异教徒、犹太人还是基督徒)

---

① 《利维坦》,第 11 章,第 167 页(78);第 3 章,第 99 页(17),第 31 章,第 401—406 页(283—287)。

② 《利维坦》,第 11 章,第 167—168 页(78)。

都是建立在纯粹的迷信基础上,这点是绝对清楚的。^① 就原则而言,建立在抽象与理性上帝观念基础上的宗教是可能的,但实际上包括基督教在内的所有宗教都是在无知与迷信的土壤中成长起来的。

除开这些最根本的基础,宗教完全是人造的,因此是具有可塑性的,历史上宗教丰富多样的实践证明了这点。宗教的自然种子已经"形成了千差万别的仪式,以至于一个人所用的仪式大部分都被别人认为是荒谬可笑的"。^② 这种成长不完全是自发的。宗教是人培养出来的,是技艺的产物,是由人塑造而成的。^③ 虽然宗教的基础可能是自然的,但任何宗教的矫饰或上层建筑都是人造的。这些上层建筑包括构成宗教的所有观念和信仰,只有关乎上帝与无形力量的基本观念除外,因为这些观念是宗教得以建立的基础。

这些上层建筑的建造者中,大多数人都是利用宗教,使人们更温驯、更顺服,使他们更适合成为公民社会的成员。古代共同体的创始人为追求这个目标而传播神话,^④他们中的许多人都声称自己有神一样的地位,那些没有如此装腔作势的人至少也有特别的途径接触到神圣的资源。在罗马城举行宗教仪式前,罗马缔造者之一的努马^⑤就曾炫耀自己与水神的交流。这些创始人还说服臣民,他们制定的法律具有神圣的源头。他们发明了各种各样的仪

---

① 《利维坦》,第 12 章,第 172—173 页(82)。这些观察使霍布斯区分"人世政治"和"神圣政治"的意义变得非常可疑。

② 《利维坦》,第 12 章,第 172—173 页(82)。

③ 《利维坦》,第 12 章,第 172—179 页(82—89)。

④ 《利维坦》,第 12 章,第 177 页(87)。

⑤ [译注]努马·庞皮留斯(Numa Pompilius,公元前 753 年－前 673 年),是罗马王政时期第二任国王。努马的主要功绩是,为罗马建立宗教崇拜的根基与仪式并充实内政,使罗马政治稳定,长治久安。跟初代国王罗慕路斯以发动战争扩大罗马不同,努马 43 年的统治中,没有发动一次战争。

式和节日,培养和引导臣民的宗教情感。霍布斯总结道,"异教人的宗教……成为他们政策的一部分了"。①

霍布斯有力地指出,古代希伯来人的宗教也是以同样的方式受人操纵的。虽然摩西是在上帝的指示下工作,但他的目的和古代异教徒的目的一样,就是使依附于他的人"更服从、守法、平安相处、互爱、合群"。② 在《利维坦》的后面部分,霍布斯将摩西称为"国家的首位缔造者",③显然使人回想起他在本书前面部分说到的那些以政治手腕操纵宗教信仰的"外邦开国君主们与立法者们"。④ 正如我们所见,他反复强调,在摩西及他的继承者统治的犹太王国中,具有超越性的宗教权威总是与世俗主权结合在一起。摩西利用宗教究竟是不是出于政治动机,这并没有什么区别。这里最重要的是,在摩西的时代,犹太人信仰所培育的情感与礼仪是用来维护主权者权威与国家的。

随着犹太人受到希腊思想的影响,宗教信仰与世俗主权权威这种相互强化的关系开始遭到侵蚀。与其他古代民族一样,希腊人对自然有着极为原始的想法。他们还不会区分我们在感觉中强加给对象的那些主观品质,以及事物的真实、客观的品质;他们还容易将想象与梦境的幻想和真实的感知搞混。简言之,许多纯粹虚构的东西被他们误以为是物质性的实在。他们用"魔鬼"来统称这些假想的事物,就和其他迷信之人一样,围绕这些幻想编造了整个宗教或"魔鬼学"。⑤

希腊人通过征服和殖民,将这些思想传播到亚洲、埃及和意大利,最后被犹太人接受。霍布斯认为,从这时开始,犹太教开始变得"非常腐败"。⑥ 犹太人开始相信善灵和邪灵,并且将这种信仰

---

① 《利维坦》,第 12 章,第 178 页(88)。

② 《利维坦》,第 12 章,第 173 页(83)。

③ 《利维坦》,第 40 章,第 503 页(378)。

④ 《利维坦》,第 12 章,第 177 页(87)。

⑤ 《利维坦》,第 45 章,第 657—659 页(518—520)。

⑥ 《利维坦》,第 40 章,第 511 页(89)。

融入他们的宗教中。他们开始模仿希腊人,把邪恶的灵叫作魔鬼,将善灵的概念与自己的一神教结合起来,称他们为上帝的灵,这种混合是他们相信超自然预言的根源。对于这些现代的犹太人而言,先知是被上帝的灵附体的人。因此,他们对超自然预言和超自然事件的信仰是受希腊魔鬼学影响,感染了这种恶疾。[1]

霍布斯笔下的犹太历史是一幅缓慢发展,但却持续衰落的图景。一开始,犹太人的君主和宗教领袖摩西传授给他们一神论的(也许本质上是理性的)宗教。对于理性的自然神论而言,摩西发明的习俗和礼仪可能无关紧要,但是他传授的宗教教义相对来说并没有什么迷信的成分。所有犹太教仪式和教义的目的,都是培养和平与顺服的品质,使人成为好的臣民。摩西确保这些仪式和教义的控制权总是掌握在世俗主权者的手中。

摩西去世以后,这些良好的制度与习惯开始瓦解。[2]犹太人开始模仿其他民族。他们渴望崇拜可见的偶像,并且要自立人类君王来施行统治,就像其他国家那样。撒母耳[3]是最后一位对犹太人行使主权的大祭司,他的去世结束了摩西建立的上帝国度。但导致犹太主义衰落的决定性事件是受到希腊魔鬼学的腐化,犹太人最早期信奉的理性宗教让位给迷信和恐惧的混合物,他们开始相信灵魂、超自然预言、魔法,还有偶像崇拜。他们的宗教教义不再受主权者的控制——就此而言,也不再受任何其他人的控制。从那时起,他们的宗教仪式被数不清的希腊异教残余污染,不再用于维持主权权威。犹太人陷入极大的混乱,以至于“其情形使人从当时政治和宗教两方面的紊乱局面中看不出任何有关这两方面的

---

① 《利维坦》,第45章,第659—660页(520—521)。

② 《利维坦》,第40章,第506—511页(381—386)。

③ [译注]撒母耳(Samuel),意为“从耶和华那里求来的”。根据《圣经》记载,撒母耳是以色列最后的一位士师,也是以色列民立国后的第一位先知,他曾膏立扫罗和大卫为王。他不但是一个先知,也是祭司,更是一位伟大的军事家、政治家、宗教家。

最高权力谁属"。① 此时无论在政治还是宗教方面,犹太历史都跌到了谷底。

在那个极度腐败的世代,基督来到了这个世界,他的到来可能为犹太人带来一个新的开始。基督要求人们远离偶像崇拜和迷信,抛弃他们长期陷入的错误信仰和仪式,回归他们对独一真神那古老而简单的信仰。然而重要的是注意到,霍布斯的论述清楚指出(基督的)这个使命自始就存在缺陷,犹太人已经被希腊人的异教迷信彻底腐蚀了。虽然耶稣与他的门徒向外邦人张开双臂,但他们还是无可救药的偶像崇拜者。② 这种迷信的信仰和仪式已经在犹太人中蔓延了好多世代。也许在这个如此混乱的时刻,这些信仰和仪式可能会因一次决定性的打击清除殆尽,然而历史上,这一切并没有发生。希腊和罗马信仰中那种古老多神论的异教迷信继续存留,并逐渐与新的宗教相互融合。随着时间的推移,旧宗教与新宗教融合得如此彻底,以至于没有人能将它们区分开。但这种融合却永远不可能完成,无论其虚伪的新装是否在一段时间内隐藏自身性质,旧的要素本质上仍然是迷信而腐败的。这些"非犹太主义的旧空瓶"仍然与"基督教的新酒"无法相容。③ 霍布斯认为,从长远来看,这种不相容注定会导致融合了新旧两种要素的基督教在自身内部矛盾的重压下走向崩溃,这就像这位英国哲学家自己的时代最终发生的那样。

教权的历史

起初并不存在基督教会,④基督教的信仰最开始由一系列独立的聚会维持。教权从基督手中转移到了使徒们的手中。但这种权

---

① 《利维坦》,第 40 章,第 511 页(386)。
② 《利维坦》,第 45 章,第 665—678 页(525—537)。
③ 《利维坦》,第 45 章,第 681 页(539—540)。
④ 《利维坦》,第 42 章,第 521—567 页(394—436)。

力不是强制性的,这只是一种传播福音的权威,帮助人们为基督的再来作好准备。如果我们以适当的方式把权力这个术语理解为强制的话,可以说,使徒们对于基督教会没有权力,他们甚至没有权力强加自己对《圣经》的解释。当时,《新约》还没有汇编成一本书,每个人都保留了自己阅读和解释《圣经》的自由。早期的教会允许每个成员以自己认为合适的方式,自由理解基督教的信仰。

在实践方面,早期教会也缺乏建制化的结构。每个城市的基督徒都聚居在一起,教会完全靠信徒自愿的捐助来维持。[①] 通常而言,教会的财产是其成员出售自己私有土地和财产筹集的,财产是公有的。所有重要的决定都是由整个社区作出的。最后一批使徒保罗、巴拿巴和马提亚是由两个最早的教会选出来的。每个教会都选出自己的教会领袖,这些人常被称为长老或监督,他们履行教会的职权。[②] 在任何意义上,早期教会都不存在主教、牧师、长老和教师这类职分的划分。所有这些头衔不过是使徒时代同一职位的不同名称。[③] 在早先的世代,基督教只是由怀有共同信仰的人聚集构成的,他们都相信耶稣就是《旧约》所预言的那位将会来临的弥赛亚。总之,如果我们以正确的方式使用权威这个词,可以说教会内部没有行使真正的权威。每个教会都保持着完全的自治,并且各个教会都独立于其他的教会,在教会历史的第一阶段,教会没有任何等级化的组织。

然而随着君士坦丁大帝皈依基督教,教会开始形成了等级化的组织。[④] 基督教君主除了拥有世俗职能之外,也成了百姓最高等级的牧师,[⑤]他们获得了以前从未拥有过的权利,就是确立基督

① 《利维坦》,第 42 章,第 555、565 页(425、434)。
② 《利维坦》,第 42 章,第 556—561 页(425—430)。
③ 《利维坦》,第 42 章,第 557 页(427)。
④ 《利维坦》,第 42 章,第 567—576 页(436—444)。
⑤ 《利维坦》,第 42 章,第 568 页(437)。参照第 43 章,第 613 页(478)。

教教义的权威解释。他们还获得了任命其他牧师的权力,在以前,牧师们是由各自所在的独立教会按立的,而现在,他们则成了最高属灵领袖的下属,只对这位君主负责。君主也获得了管理圣礼、供奉庙宇,以及履行所有与基督教崇拜相关的职能的权利。最后,他们授权下属执行这些职能。因此,主权者的归信从根本上改变了基督教会。霍布斯将这种转变的结果称为"基督教主权中的政治权利和教会权利的结合"。① 然而根据霍布斯自己的说法,这个事件也伴随着一个同样重要的后果,将最初只是由共同信仰维系的无形共同体,转变为具有组织化的等级制度。君士坦丁大帝皈依基督教,不仅将教权与政治权力结合在一起,还为教会确立了前所未有的权力结构。

向权力结构的转变,导致引领教会的精神发生了极为微妙却又非常重大的变化。霍布斯认为,现在所有人都渴慕权力,就连神职人员也不例外。教会新的特征使他们有了新的抱负。教职曾是纯粹出于服侍和奉献的职位,现在却成了具有权威的职位;教会的转变导致神职人员的转变,传教士现在不再是无私的服侍者,他们现在也同样渴慕权力。

虽然神职人员在形式上隶属于基督徒君主,但这些雄心勃勃的人现在要建立自己的权力网,新宗教中那些腐败的异教分子为他们实现这种目标提供了大量的支持。还有什么比鼓吹人们接受古希腊灵魂不朽(这种不朽的灵魂被视为一种非物质的自我,其只受教牧权力的影响,而不受任何世俗权力的控制)的信仰更有应用? 有什么能比使人相信神职人员能代表基督、能行神迹更加有效呢? 最后,他们鼓吹,这些神职人员作为上帝在地上国度的统治者,拥有超越任何纯粹世俗主权的统治权,有什么比让人们相信这种观点更有价值呢? 这些观点或从异教继承而来,或通过故意曲

---

① 《利维坦》,第 42 章,第 575 页(443)。

解《圣经》炮制而来,为复杂教义结构提供了核心教导,将神职人员从主权者的控制和枷锁下解放了出来。随着君主皈依基督教,教会已经成了一种具有权力的机构,那些雄心勃勃的神职人员用阴谋诡计使教会逐渐脱离了主权者的控制。现在的教会作为一个权力机构,开始拥有自己的主权者,也就是罗马主教,他声称自己在属灵的层面统治着所有的基督徒。[①]

天主教建立的权力集团成了基督徒主权者强大的对手。教会成了国中之国,如霍布斯所言,成了与(其所在的)真实国家并存,并持续与之相争的"妖魔之国"。教皇之位是"已死亡的罗马帝国的鬼魂戴着皇冠坐在帝国的坟墓上",[②]它的存在只是一场梦,因为这个位置建立在异教帝国的废墟之上。尽管这个梦的内容是虚构的,但梦本身却是真实的,教皇属灵的国度也是如此。教会成功在神职人员与世俗人士之间建立了严格的区别,而早期基督徒几乎对这种区别一无所知:教会建立了不同于各个国家世俗法律的教会法,并宣布神职人员享有世俗法律上的豁免,从世俗主权者手中篡夺了对神职人员的法律控制;教会引入强制税或什一税,巩固自身相对于世俗主权者的独立性,使人们除了要向国家缴税,还要再次缴纳税金。[③] 这个捏造的国家有自己的官员、法律和税收,其权力丝毫不亚于世俗国家。几世纪以来,教会积累权力、巩固权力,成了国家的死敌,到处制造威胁,"把一切秩序、政府和社会等都化为原始的暴力与内战的混乱状况"。[④]

然而,由于这个冗繁结构的终极基础是由荒诞的神话和迷信

---

① 霍布斯概括性地描述了教皇权力的"形成与建构",参见《利维坦》,第 47 章,第 710 页(565—566)。

② 《利维坦》,第 47 章,第 712 页(567)。

③ 《利维坦》,第 44 章,第 631—633 页(493);第 46 章,第 697—698 页(553—554),第 47 章,第 706—708 页(562—564)。

④ 《利维坦》,第 36 章,第 469 页(347)。

构成的,天主教会的权力从来就不是完全稳固的:

> 妖魔除了在听了老太太或老神话家的神鬼故事之后的愚民心中存在以外,在其他地方都不存在。同样的情形,教皇的教权在其本身的世俗主权所辖的领域以外,只存在于受骗的百姓听到虚假的奇迹与传说以及错误的《圣经》解释后,对开除教籍一事所产生的畏惧感之中。①

基督教等级制度的统治能否继续,取决于能不能让民众持续停留在无知的状态中。这种依赖性是教皇权力的致命弱点。只要人们还处于无知状态,就没有什么可怕的。然而一旦科学与启蒙的曙光出现,这种权力的基础就会枯竭消散。

教会将无聊晦涩的经院哲学引入大学,坚决反对任何真正的哲学或科学,这都是为维持自身权力而精心策划的。霍布斯在《利维坦》开头所抱怨的"经常出现无意义的说法"②正是神职人员处心积虑造成的,目的是用哲学的表象和装饰代替真实的东西,使人们保持无知状态,继续受到迷惑。"最后……毫无准则的区分之说,粗陋的术语和经院学者的含糊用语等等,都帮助他们使这些错误不被察觉,并使人错误地把虚妄哲学的鬼火当成了福音之光。"③这种偷梁换柱的最终目的,就是"使年轻人不能运用理智"。④ 教会主动培养迷信与非理性,因为教会对普通基督徒的持续控制(使其维持一定程度的控制,与世俗主权者分庭抗礼,并在某些时候超过世俗主权者)依赖于这种对理性的积极抑制。所以无怪乎真正的哲学和科学要等到几百年后才孕育而生。这些大学

---

① 《利维坦》,第 47 章,第 714 页(569)。
② 《利维坦》,第 1 章,第 87 页(6)。
③ 《利维坦》,第 47 章,第 708 页(564)。
④ 《利维坦》,第 47 章,第 713 页(569),强调已加。

表面上是为促进学习而建立的,但其真正目的是隐藏真理,这甚至会给最坚定的真理寻求者造成困惑。① 如果说世俗主权者的权力至少原则上是建立在臣民以理性的手段追寻自身利益(尤其是自我保全)的基础上,教会领袖则将臣民维持在迷信与非理性的处境中,造成人们理性的行为模式的混乱。教会只有大力压制科学、限制真理,甚至抑制人类的理性能力,才能维持自己的力量。②

　　一旦天主教会赖以维持自身地位的真实权力结构得到了巩固,世上就没有任何权力能够成功撼动它。天主教神职人员散播的神话近乎催眠般控制着人,事实上,这种控制的力量如此之大,以至于使人想起神职人员所灌输的灵魂附体;人们并不是被灵魂附体,而是被"有灵的人"迷住了心窍。当这种权力结构建立起来时,任何世俗主权者抵制这种权力的努力都注定失败:"然而当人民一旦被这些宗教人物迷住了心窍以后,任何人便都想不出办法来补救。"③事实上,过去世俗主权者们试图打破基督教神话对臣民想象力的操控,却惨遭失败,结果适得其反:"然而有些人没有耐心,在他们的臣民的眼睛还没有被打开的时候就力图抵抗这种侵犯,结果只是助长了他们所要抵抗的势力。"④

　　这一点非常重要,值得强调。无论霍布斯所信的政治哲学原则多么永恒,多么普遍,在天主教统治的漫长岁月里,这些原则(按照他自己的说法)从来没有在实践中兑现过。那些试图"在他们的臣民睁开眼睛之前"(在理性和启蒙的第一缕曙光开始冲破中世纪迷信的黑暗之前)实施类似原则的人,却以进一步削弱他们自己的权威而告终。在之前的时代,清洗迷信与非理性主权权威文化基

---

① 我不认为这种无足轻重的语言(或无意义的说法)是错误的哲学;然而它不仅能隐藏真理,还能使人们认为他们拥有真理,并使他们停止进一步的探索。参见《利维坦》,第46章,第702页。

② 《利维坦》,第46章,第703页(559)。

③ 《利维坦》,第47章,第709页(564)。

④ 《利维坦》,第47章,第709页(565)。

础的唯一机会是基督教刚刚创始的时代,那时牧师权力还没有牢固的根基,因此

> 那些皇帝以及其他基督教徒主权者让这些错误学说和教士们对他们职权的同类侵犯在自己的政府下不声不响地发展,为他们所拥有的一切东西和他们的臣民带来了不安;虽然他们由于对后果缺乏预见、对传道士的计谋缺乏领悟而遭受了这样的侵害,但可以将他们视为自己和臣民所受损失的帮凶。因为如果没有他们的批准,煽惑乱众之说一开始就不可能公开传布。①

同样,征服者威廉在统治英格兰之初,也犯了一个严重的错误,即承诺不侵犯教会的自由。② 这些错误一旦犯下,以后的主权者就无法纠正。它们开创了一个先河,让教会建立了自己独立的权力。主权者本应在一开始的时候就抵制这种制度,因此他们要为无所作为而受到责难:

> 我所要谴责的是另一些人,开初时他们的权力是完整的,但由于让这种说法在他们自己领域内的大学中制造出来,于是当以后各届教皇插足到一切基督教主权者的宝座中来、任意蹂躏凌虐他们和他们的臣民时,(我谴责的那些人)充当了为他们执鞭坠镫的人。③

然而一旦神职人员的权力确立了,世俗主权者就很难驯服那种权力。

---

① 《利维坦》,第47章,第709页(564)。
② 《利维坦》,第29章,第364页(250)。
③ 《利维坦》,第47章,第709—710页(565)。

即便如此,天主教会的权力虽然坚不可摧,但不足以确保自己永远能够存在,因为教会永远无法摆脱根深蒂固的弱点,教会最终只能建立在迷信、幻想与欺骗的基础上。只要人们还是无知的,这个基础就能够维系下去,教会当尽其所能维持这种无知,但也不可能永远如此。那些雄心勃勃的神职人员建立教会权力所依赖的那种异教教义,最终也必将导致教会的崩溃。

霍布斯认为,"所有已形成的宗教最初都是根据群众对某一人的信仰创立的。"由此可见,当人们对宗教领袖的智慧和真诚性失去信任时,他们就会怀疑自己所信的宗教。但是什么会导致人们对他们的领袖失去信任呢? 在霍布斯看来,其中一个原因是"教人相信自相矛盾的学说"。天主教由于将异教迷信与新的基督教教义融合在一起,就犯了这样的错误。另一个原因则是,"(天主教的神职人员)本身言行表现出他们要求别人相信的事自己倒不相信"。然而,神职人员的不公义、残忍、贪婪掩盖了他们的警告,也就是这种罪在来世不能免于惩罚。还有一个原因是"暴露自私自利的目标",任何认真察验天主教和新教的人都会发现这些。随着教会规模逐渐扩大,势力日渐增强,教会领袖的野心与败坏教义的邪智与日俱增。到最后,这些教会领袖与教义会变得如此明目张胆,昭然若揭。①

随着这些内部结构的缺陷显露出来,整个组织化的基督教大厦开始崩溃。其崩溃的第一个阶段是宗教改革;在此阶段,教皇权力的枷锁"对基督徒的自由所打上的第三个也是最后一个结"②被抛弃了。在英国,基督教组织和结构的接替,这整个阶段是由伊丽莎白女王完成的。在英格兰,第二阶段是长老会对主教制的胜利:主教们的权力被打破,并回到议会或长老会手上,他们就像早期基

---

① 《利维坦》,第 12 章,第 179—183 页(89—92)。
② 《利维坦》,第 47 章,第 710—712 页(566)。

督教时代具有最高教会权力的人。这种崩溃的第三阶段也是最后一个阶段随之到来：

> 几乎就在同时，长老的权力也被剥夺了，于是我们便又归于原始基督教徒的独立状态，随每一个人的喜好，跟随保罗、矶法或亚波罗。

在英国内战的混乱和余波中到来的这个阶段，结束了基督教的历史。强加于基督徒自由的第一个结到最后才解开，这个结就是使人的良心服从他们自己的团体；而现在（基督教初期历史后头一次），早期基督徒享有的良心自由终于回来了！①

将新酒装进新瓶？

17 世纪 40 年代，英格兰出现了激进的宗教自由，霍布斯对此的回应是模棱两可的。霍布斯被宗教独立与自由的理想所吸引。② 这种理想之所以能吸引他，也许是因为霍布斯自己的宗教观就非常不符合正统，无论是在正常时代还是更受压抑的年代，他的观点都可能受到封杀。同时霍布斯也敏锐意识到，哲学与科学的活力依赖思想的自由，而这种自由被天主教哲学家与神学家扼杀了好几个世纪。他对宗教裁判所③提出了尖锐的批评，认为：

> 他们的世俗社会哲学中还有一个错误……那便是在人们

---

① 《利维坦》，第 47 章，第 710—712 页(566)。
② 《利维坦》，第 47 章，第 711 页(566)。
③ ［译注］宗教裁判所(拉丁语：Inquisitio Haereticae Pravitatis)，或称异端裁判所，是在公元 1231 年天主教会教皇格里高利九世决议后，由道明会设立的宗教法庭。此法庭负责侦查、审判和裁决天主教会所认为的异端，曾监禁和处死异见者。

的言行都符合宗教的情况下,通过对他们的信仰进行审查和宗教审判,把仅仅是行为法则的法律扩展到人们的思想和良知意识上去。①

霍布斯在《利维坦》中始终坚持认为,人类的思想和良心既不应该,也永远不可能真正受到人类法律的控制(无论是教会法律还是世俗法律都是如此)。

但霍布斯的政治观念不允许他支持真正普遍的信仰自由,在《利维坦》中,霍布斯一再强调,观点是人类行动真正的直接原因。国家的力量最终取决于成员的观点与信仰,真正普遍的信仰自由可能会削弱这种力量。因为正如我所指出的,霍布斯同样认为,对"无形的,超自然力量"的信仰,以及其他各种各样的迷信,"绝无法从人性中根除,而通过培养声名显赫的人物新的宗教会产生"。②这种观察绝不像某位评论家所说的那样,是含蓄宣告霍布斯理性国家基础的真实观点。③ 相反,这是一个警告:一种受到启蒙的理性思想未必能够自我维持,如果没有那些决定公共教育形式与内容的人积极支持,这种思想也无法自我维系。教会中那些有权有势的人相信可以强制规定人们最内在的思想和观念,霍布斯并不认同这种观点,但他与后来历史启蒙运动那种天真的乐观主义也没有任何共同之处。即使理性的力量赢得了启蒙运动和迷信之间的斗争,这种胜利也不会如此稳固,以至于人们可以完全忘却理性的敌人。

霍布斯认为,他那个时代近乎完全的宗教自由其实是回归混沌的原始状态,也就是比任何通常的政治崩溃都更加彻底的"自

---

① 《利维坦》,第 46 章,第 700 页(556)。几段之后,霍布斯在第 703 页用含蓄而又明确的术语批评了宗教裁判所对伽利略的审判。

② 《利维坦》,第 12 章,第 179 页(89)。

③ 艾森纳赫,《自由主义的两个世界》,第 29 页。

然状态"。他要迫切证明绝对主权的必要性,以至于在他的笔下,每次主权的瓦解都同样彻底。这个结论甚至隐含在他围绕绝对主权与绝对混乱之间的核心对立而构造的政治论证中。但霍布斯这种恒定的分析性论证得出的结果,与他对基督教信仰和教会权力的起源和历史叙事所指向的结论完全不同。从这种叙事中得到的冰冷教训是(霍布斯再三回到这个主题)任何国家制度的关键因素,也就是构成国家"质料"的臣民的心智状态(或这个国家所建立的文化与智识基础的特点),这个因素从一开始就决定了国家在历史长河中的成败。霍布斯大力强调这种智识文化的重要性(也就是强调臣民思想与行为受理性或非理性迷信支配的程度),表明他要修正自己分析性论证架构的秩序与混乱之间的对立。尽管霍布斯以秩序与混乱之间的对立为基础,展开他的政治论证,但他的历史解释表明,普通的政治崩溃与政治权威的文化基础设施之间的崩溃完全不同。政治崩溃毫无疑问是非常危险的,甚至是毁灭性的,但这种崩溃与彻底的文化巨变、文化崩溃绝不可相提并论。在翻天覆地的文化崩溃中,每个人都可以自由做"任何在他眼中看作正确的事情"。① 正如一位解释者所描述的,霍布斯认为他自己的时代已经陷入了这种彻底的伦理混沌状态,这也正是他在勾勒自然状态时,用令人惊奇的预言表述的。②

对霍布斯而言,这种彻底的文化剧变实际上是回到了早期基督教的状态,也就是神职人员控制人们想象,主张自身权威之前的状态(神职人员这种控制和主张在几乎整个基督教历史中都卓有成效),因此,这是一个千载难逢的机遇。在霍布斯看来,英格兰与

---

① 《利维坦》,第 46 章,第 686 页(543—544)。霍布斯也把这个描述用在古代犹太历史中,也就是约书亚死后到保罗加冕的这段时间。《利维坦》,第 40 章,第 506、510 页(581、585)。

② 里德尔,《形而上学与元政治》,第 185 页。

那些早期时代一样,正在经历一场文化变革(波考克的提醒是正确的,这无疑是受到了霍布斯同时代人思想中强大末世论倾向的塑造①)。英格兰的社会联系、伦理规范、政治权威正在土崩瓦解,其彻底性胜那个时代的人所经历的任何事件。对霍布斯来说,这种彻底的崩溃,这一切把英格兰推到了历史的十字路口。② 他没有理由怀疑,一位主权者将横空出世,平息英格兰在 17 世纪 40 年代陷入的混乱。命运将会使一个人力压群雄,掌控时局,一个新的国家必将从旧国家的废墟上崛起。当霍布斯写完《利维坦》的时候,这一切已经开始发生。③ 对他来说,这个新的国家实际上是建立在征服的基础之上,这与先前的国家没有什么区别。这个国家就和世界上大多数国家一样,也有着类似的开端。④ 霍布斯也不太关心新的主权者究竟是谁,最重要的是应该有一位明确的主权者出来统治这个国家,至于主权者最终花落谁家,这并不是什么大不了的事情。

但是霍布斯在这里对新主权者起源和身份的轻视,与他对主权者将要统治的国家设计与基础的深切关注形成了鲜明的对比。神职人员失去对人们想象力的控制,并不意味着迷信和非理性对国家的威胁已成过往,远非如此。虽然现在教会的控制机制混乱无序,但基督教信仰本身仍像以往那样强大,从中生出的迷信种子不可能完全消除。没有什么可以阻止新的宗教领袖像天主教会那

---

① 波考克,《时间,历史和末世论》,第 161 页。
② 这一论点类似于艾森纳赫的观点,即英国内战在霍布斯眼中造就了一个机遇,是一个"历史性的时刻"(《自由主义的两个世界》,第 42、66 页)。但是艾森纳赫像大多数霍布斯的解释者一样,过于狭隘地关注于所谓由公民创造的效果。
③ 霍布斯在《利维坦》中几处提到内战是一个持续的事件,参见《利维坦》第 3 章,第 95 页(13);第 18 章,第 236—237 页(139—140);第 19 章,第 251 页(152)。然而,在他的"综述与结论"中,他只谈到"当前的混乱"(《利维坦》,综述与结论,第 728 页(580)),反映了这样一个事实,即虽然新政权尚未完全建立,但内战本身已经结束。
④ 《利维坦》,综述与结论,第 721—722 页(574—575)。

样,再次利用这些迷信,对世俗主权者发起新的挑战。这种前景是霍布斯最为关心的,正如他在正文最后一段明确指出的:

> 因此,亨利八世和伊丽莎白女王便不难用符咒把他们赶出去了。这个罗马幽灵现在跑出去,在亚洲瘠薄的"无水之地上来往传道;但谁又能说他们将来不会回来,甚至带回一群比自己更恶的鬼来,进到这打扫干净的屋子里并住在这里,使这儿最后的景况比先前更不好呢?"因为现在声称上帝国在今世并企图从中取得不同于世俗国家权力的另一种权力的人,不只是罗马教会的教士而已,他们之外还大有人在。[①]

神职人员的权力陷入低谷,但并没有被消灭。鉴于人类想象力的性质,以及大多数人都是容易上当受骗的,迷信永远不会被摧毁,新一代雄心勃勃的神职人员,无论是天主教的、新教的,还是某些闻所未闻的信仰将会兴起,向那些毫无戒备的人兜售迷信的教义。这些人,以及人们的无知,对所有国家都构成了持续的威胁,如果不加监督和阻止,这些威胁很容易侵蚀,并最终摧毁国家的基础。

防止这种灾难的唯一方法就是找出这一切的潜在根源,尽一切可能摧毁它们(或者至少抑制其发展)。对霍布斯而言,这种危险的根源并不是神职人员权力本身。更准确地说,神职人员的权力只是表象,而不是威胁政治基础的原因,传统基督教的教义也不是问题的真正源头。在《利维坦》中,霍布斯严厉抨击了一些基督教教义,但他这么做的目的不仅是为了反驳这些教义。将《利维

[①] 《利维坦》,第 47 章,第 714—715 页(569)。这段话是故意模仿《马太福音》12:43—45,霍布斯在第 8 章,第 145—146 页(59—60)引用了这段话。

坦》的《圣经》解释与历史论述简单理解为对天主教和长老会的攻击，或是理解为试图反驳这些教会的某些神学主张，这都具有误导性。这些论述的真正目的更为根本，霍布斯真正要攻击的是臣民的无知与迷信，或者简单说来，就是他们的非理性。保障国家免受这些危险的最好方法，是尽可能彻底地根除这种非理性。

在那个时代出现的彻底文化混乱提供了千载难逢的机会，使霍布斯尝试根治这种状态。在一个具有启发性的隐喻中，霍布斯指出，教会权力的瓦解让人们终于看到了隐藏在教会等级结构背后的原始野心：

> 至于上帝(他对人们危害真理的一切阴谋诡计从来都是及时地予以摧毁的)赐予的补救办法，我们就要谨候神恩了；他很多时候让他的敌人的野心极度扩张，并高度发展，使得由此而生的暴乱把他们的前人小心翼翼地封住的眼睛打开……①

这个栩栩如生的比喻意义重大，与霍布斯自己的事业有着重要的相似之处。霍布斯认为，英国臣民时刻准备着接受新的教义，让他们的政治思想接受统领，以时刻准备着重新评估自己与他人、自己与世界的整个关系网络。简言之，他们准备重新诠释自己与其所居住的这个世界的本质。然而，只要他们对近期翻天覆地的变革记忆犹新，他们就无时无刻准备这么做。尤其是在政治学说上，他认为，

> 所以目前英国便很少人看不到这些权利是不可分割的，而且在下次恢复和平时也会普遍承认这一点，直到大家忘记

---

① 《利维坦》，第 47 章，第 709 页(564)。

痛苦之前,这种情况会一直继续下去。但除非是一般人得到比迄今更好的启导,否则在那之后就难以持续下去了。①

从根本上改变人们理解自身存在的确实会给人们理解和行动的方式带来彻底变革,但这种机会不会长久存在。无论是在政治教义还是在其他方面,普通臣民会得到更好的教导。他们整个观念将会被扭转过来,他们对世界的看法使自己能以理性的方式行动,从而接受世俗权力的主张。在为新的理性国家立下坚实基础之前,他们无拘无束、肆无忌惮的想象力必须受到控制,他们出于无知和迷信的恐惧必须得以平息;推动这种转变需要新的教义,《利维坦》就以如此生动有力的形式提供了这种教义。霍布斯盼望,这本书至少能引领这份事业所需的文化和意识形态变革的运动。在《利维坦》的结尾,霍布斯认为,这本著作"除开向人们阐明保护与服从之间的相互关系以外别无其他用心"。② 但这种说法并不准确,在狭义上,这本著作确实描述了霍布斯政治论证的结论。但霍布斯写作《利维坦》的目的,不只是阐明国家范围内应当具有的权利和义务关系,也不仅是展现产生这些关系的基础。

在原书的三个段落之前,霍布斯为自己《圣经》解释提出的"新教义"作了辩护:

> 但现在,人们不仅呼吁和平,而且呼吁真理,值此机会,我把自己认为正确而又显然有利于和平与忠君爱国之心的学说提出来,供那些尚在考虑的人参考,便只会是拿出新酒来装在新瓶中,两者将具存无缺。③

---

① 《利维坦》,第18章,第237页(140)。
② 《利维坦》,综述与结论,第728页(580)。
③ 《利维坦》,综述与结论,第726页(578)。

这段文字化用《马太福音》第 9 章第 17 节，①揭示了霍布斯《利维坦》的真实意图。基督教自始就存在缺陷，因为基督教最早的博学之士将它的"新酒"倒进了"非基督教的旧瓶"。现在正是重塑人们对自己与世界根深蒂固的信仰的时候，这机会在历史上千载难逢、绝无仅有。绝不能轻易放过这个机会。因为这些信仰会反过来塑造人们的行为，并最终决定人们是否遵从理性的行为模式，为一种从政治与文化崩溃的废墟中脱颖而出，以安全为设计宗旨的新型国家奠定基础。

其次，霍布斯的《利维坦》追求本质上截然不同但又紧密交织的目的。第一是现代读者更为熟悉的两个目的：一劳永逸地阐明任何国家主权权利的基础和范围，以及臣民的义务。在霍布斯看来，任何一个国家中，权利和义务的分配都可以通过严格的哲学推理来证明。就像之前的《法律要义》和《论公民》一样，《利维坦》也试图提供这样一种证明。但是，对这部作品的解释，如果没有超越这类目标，都是不完整的。因为《利维坦》第二个目的同样重要，就是发起一场文化变革。这是一场启蒙运动，霍布斯希望通过这场运动，为一种新型国家打下基础。就字面意思而论，这种国家将完全不同于此前存在的任何国家，其中包括那些古代国家（也就是在霍布斯看来，在漫长历史中政治权威从未受到挑战的国家）。新型国家不会像旧式国家那样，建立在神话和迷信的基础上。臣民会被自身利益驱使，以理性的方式争相竞逐，没有神话、迷信或其他非理性所导致的扭曲。霍布斯在《利维坦》中构想的国家，将会成为真正永恒的国度。因为它的基础确实是理性的，这在历史上前所未有。在这种国家实现之前，必须先创建理性的根基。而创建这种根基，就是霍布斯《利维坦》最核心的政治目的。

---

① 《马太福音》9:17："……也没有人把新酒装在旧皮袋里，若是这样，皮袋就裂开，酒漏出来，连皮袋也坏了。唯独把新酒装在新皮袋里，两样就都保全了。"

结　语

　　人们通常认为,霍布斯为人类和社会提供了一种与传统观念截然不同的新视角。传统观念将人置于永恒法则所支配的更为宽广的宇宙秩序之下,人类最高的理想是实现自己与这种永恒秩序的和谐。理性是人类灵魂最崇高的功能,其作为理解永恒的神圣秩序的手段,是通往这种和谐的路径。人类生活的目的是由自然规定的,若不参照每个人所属的更大共同体,就无法理解这种目的。霍布斯政治哲学表述的人与社会的观念,在很多方面与这种传统观点相反。按照他的观念,宇宙是外在于人类的事物的集合,而不是人类所从属的秩序。人类的实现的路径是征服世界,而不是与世界和谐共处。在某些领域中,每个人可以通过理性(霍布斯将理性视为一种计算能力)控制行动,建立这种优势地位。就本质而论,人是利己主义者,其行为旨在促进自身利益,而每个人都是以自己认为合适的方式界定自身利益。政治社会远非先于个体而存在的,而是由个体创造的。为了自由追逐私人目的(尤其是为避免死亡),这些个体联合在一起(创造出国家)。

　　人们时常认为,位于霍布斯新视角中心的人类概念是人性现实的镜像,正因如此,该概念无法为永恒的政治哲学提供充分的基础。这类观点中广为流传的至少有两个完全不同的版本。第一个

版本是,这个概念源自"占有性的市场社会",据说英国社会在 17
世纪的时候就是这样,霍布斯视野的局限性在于他的理论只适用
于这类社会。[①] 第二个版本是,他的人类概念表述了人性很多恒
久的特征,霍布斯政治哲学的缺陷在于未能挑战人,使他们成为比
自身本性倾向更好、更有道德的人。这两种观点并非毫无道理,但
都具有误导性。人类是理性利己主义者的新观点并非霍布斯观察
到的现实;相反,这种观点是精心建构的人类模型。霍布斯认为,
要想生活在持久和平的政治社会,人们的行为模式必须符合这种
模型。将《利维坦》视为一种政治行动,会给人留下如此深刻的印
象:霍布斯认为,这种模型与他那个时代人们的现实状况存在很大
差异。乍看之下,人们本质上是无知、迷信的造物。无知与迷信深
深扎根在人们的特征中,使其完全丧失了理性。霍布斯对他构想
的政治社会前景一点也不乐观,事实上,他非常担心那个时代人们
的非理性会对这种政治社会愿景的实现造成无法克服的障碍。

　　我们有理由相信,霍布斯的观点与现代社会的某些特征非常
吻合。霍布斯公民社会的观念在政治讨论中的重要性(霍布斯去
世后不久就显现出来),以及霍布斯式的分析风格在当代社会科学
中的持续吸引力至少证明了这种观点对社会的描述具有合理性。
但如果反响确如其实,我们就不能只是把这种观念看成霍布斯对
自己时代细致入微的观察所得的结论。霍布斯的政治构想要想实
现,必须要改变那些组成政治社会的人。绝对的政治权威对维护
和平与他们自身生命必不可少,但如果仅仅只是通过说服,这种改
变就无法实现。我们需要的是一种更为根本的改变,一种能够把
人类心智重塑为(霍布斯为其创造的)理性利己主义模型的改变。
如果他的设想在某种程度上实现了,那也至少部分归功于《利维

---

① C. B. 麦克弗森,《占有性个人主义的政治理论:从霍布斯到洛克》,牛津:克拉伦登
　　出版社,1962 年,尤其是第 61—68 页。

坦》以及其他著作为重塑人类精神而付出的艰辛努力。

　　这种观察会对我们如何评价霍布斯的观点以及这种观点所促成的道德与政治世界产生重大影响。霍布斯的政治哲学因人们所说的弱点和失败而备受批评。有人指控说，这种理论与古典政治哲学的"理性主义"决裂，使我们陷入到邪恶和政治主观主义的深渊。古典政治哲学的"理性主义"预设是，所有道德和法律标准最终源自永恒的自然法。还有人指责，这种理论造成了一种政治话语，从一开始就否定了共同体的重要性，并对人类个性发展施加了过于狭隘的限制。[①] 这些指控可以通过本书之前几页分析的霍布斯的政治目的而得到修正。那里分析所得的核心结论是，霍布斯对人类与社会的看法远远不是"自然的"。霍布斯没有将人描述成他们现在所是的样子。他所描述的是自己希望人变成的样子。那些觉得霍布斯的世界太局限的人可以从这种观点中得到些安慰，即便在历史上的某些时期，（霍布斯所期待的）那个世界尚未实现，但它完全可能来临，我们也完全可以去想象那个世界。

　　不过人们同样应该留意一些要点。我们不需要接受霍布斯对政治社会的看法就能认识到，他尝试要避免的很多陷阱是真实存在的，我们也应该非常审慎地对待这些陷阱。我们不应假设，自然法和政治共同体的复兴，或人类个体性的进一步发展，可以在避免不必要副作用的情况下实现。霍布斯还谈到，因现代思想难以克服的失败，我们今天对政治与社会的理解存在很多局限。例如，无论人们居住的社会多么"进步"，神话在塑造所有人思想和行动方面都是至关重要的。如果这些言论能够加深我们对政治的理解，它们就是无可指责的。但另一个可能的后果是神话本身的复兴。我们应该尽可能警惕出现这样的情况。至于原因，霍布斯的政治

①　分别参见：施特劳斯，《霍布斯的政治哲学》；沃林，《政治与构想》，第8章；麦克弗森，《占有性个人主义的政治理论》，特别是第6章。

哲学已经说得很清楚了——人们都指责他没有意识到神话在政治中扮演的角色,至少在某种意义上,这种指责是错误的。无论是过去还是在他自己所生活的时代,霍布斯对神话在政治中扮演的角色印象深刻。但是他认为,神话是极度无知的产物。霍布斯认为,这种无知与任何理性的政治社会都无法相容,理性的政治社会必须建立在广受启蒙的民众的基础上。

　　这种观点会对人产生误导吗? 可能会。霍布斯认为,启蒙就是认为宇宙是由机械运动的法则支配的物质对象的集合,启蒙就是接受如下观点,即自我是一种(将死亡视为最大邪恶的)必朽存在。对今天许多人而言,这些理解显得过时、狭隘。我们没有理由接受霍布斯的这种启蒙观。但他所说的无知和迷信导致的现象是中肯的。在试图扩展人类理性的观念(我们的自我理解)时,我们不应该完全抛弃他在理性与非理性之间划出的界限(即使我们打算改变或重新界定这条界限)。即使霍布斯所提出的人与社会的愿景与政治共同体的需求相抵触,或者对人类个体性的充分发展过于狭隘,我们仍应记住他想用这种愿景逃离的那些弊病。

参考书目

这份参考书目涵盖这本书所使用的一手文献与脚注中援引的二手文献。读者如果对过去半个世纪出版的霍布斯著作以及有关霍布斯的研究著作感兴趣,想要一份更加全面的参考书目,可以查阅威廉·萨克斯泰德(William Sacksteder)那本非常棒的著作:《霍布斯研究(1879—1979):参考书目》(俄亥俄州鲍灵格林:鲍灵格林州立大学哲学文献中心,1982年版)。

一手文献

霍布斯著作集

The English Works of Thomas Hobbes of Malmesbury, 11 vols., and *Thomas Hobbes Malmesburiensis*:*Opera Philosophica quae Latina Scripsit*, 5 vols. Sir William Molesworth, ed. London:John Bohn, 1839—1845. 这是目前最全的版本,只是经常因文本上的缺陷而遭到诟病。

Philosophical Works of Thomas Hobbes. Howard Warrender, ed. Oxford:Clarendon Press, 1983—1986。涉及最多学术机构的批判性版本。迄今为止出过两个版本:vol. 2, *De Cive*, The Latin Version (1983); vol. 3, *De Cive*, The English Version(1983).

霍布斯的独立著作

"The Autobiography of Thomas Hobbes. " Benjamin Farrington, ed. In *The Rationalist Annual*, 1958. London: Watts and Co. , 1957, pp. 22—31. 霍布斯《诗歌体自传》(Vita Carmine Expressa)的现代散文翻译。

Behemoth; or, *The Long Parliament*, 2nd ed. Ferdinand Tönnies, ed, London: Frank Cass and Co. ,1969.

Critique du De Mundo de Thomas White. Jean Jacquot and Harold Whitmore Jones, eds. Paris: Vrin,1973. 这是霍布斯在 17 世纪 40 年代早期写的重要长篇科学手稿的首次出版。

A Dialogue between a Philosopher and a Student of the Common Laws of England. Joseph Cropsey, ed. Chicago: University of Chicago Press, 1971.

The Elements of Law, Natural and Politic, 2nd ed. Ferdinand Tonnies, ed. London: Frank Cass and Co. , 1969.

Leviathan; or, *The Matter, Forme, and Power of a Commonwealth, Ecclestasticall and Civill*. C. B. Macpherson, ed. Harmondsworth, Middlesex: Penguin, 1968.

Leviathan; or, *The Matter, Forme, and Power of a Commonwealth, Ecclestasticall and Civill*. W. G. Pogson Smith, ed. Oxford: Clarendon Press, 1909.

The Life of Mr. Thomas Hobbes of Malmesbury. London: A. Crooke, 1680. An anonymous translation of Hobbes's *Vita, Carmine Expressa*.

《马尔斯伯里的托马斯·霍布斯的一生》("The Life of Thomas Hobbes Of Malmesbury"),J. E. Parsons, Jr. and Whitney Blair, trans. *Interpretation* 10 (1982), pp. 1—7. 这是霍布斯《诗歌体自传》(*Vita, Carmine Expressa*)的一个译本。

Man and Citizen. Bernard Gert, ed. Garden City, New York: Doubleday, 1972. 霍布斯翻译的《论公民》文本(通常以《政府与社会的哲学雏形》为人们熟知)与《论人类》精选篇章的翻译。

Sir William D'Avenant's Gondibert. David F. Gladish, ed. Oxford:

Clarendon Press，1971. 包含了《霍布斯先生答威廉·达文南特爵士〈贡迪伯特〉序言》的准确版本。

Thomas White's De Mundo Examined. Harold Whitmore Jones，trans. London：Bradford University Press，1976. 这是以上 Jacquot 和 Jones 那本 *Critique du De Mundo de Thomas White* 的译本。

信件

Aubrey，John. *Brief Lives*，2 vols.，Andrew Clark，ed. Oxford：Clarendon Press，1898.

Brockdoff，Cay，Baron von. "Fünf ungedruckte Briefe von Jean Pierre de Martel an Thomas Hobbes." *Hobbes-Gesellschaft Veröffentlichungen* 6 (Kiel，1937)，pp. 7—23.

Cohen，Bernard I. "A Lost Letter from Hobbes to Mersenne Found." *Harvard Library Bulletin* 1(1947)，pp. 112—113.

de Beer，G. R. "Some Letters of Thomas Hobbes." *Notes and Records of the Royal Society of London* 7(1950)，pp. 199—205.

"Ellis Papers，"folio 4. British Library Additional Manuscripts 28,927.

[Great Britain] Historical Manuscripts Commission. *Report on Manuscripts in Various Collections*，vol. 7，p. 401. London：His Majesty's Stationers，1914.

——. *Thirteenth Report*，*Appendix*，*Part Two*：*The Manuscripts of His Grace the Duke of Portland*，保存在维尔贝克修道院，vol. 2，pp. 124—130. London：Her Majesty's Stationers，1893.

Hall，A. Rupert and Marie Boas Hall. *The Correspondence of Henry Oldenburg*，vol. 1，pp. 74—76，and vol. 9，pp. 329—330，374—375. Madison：University of Wisconsin Press，1965 and 1973.

"Letters from Foreign Correspondents." Hobbes Manuscripts in the Chatsworth Collection of the Duke of Devonshire.

"Letters to Thomas Hobbes，1656—1675." British Library Additional Manuscripts 32,553.

Tannery，Paul and Cornélis de Waard. *Correspondance de P. Marin*

Mersenne，vol. 6，pp. 311—312，and vol. 10，pp. 588—591. Dijon：1960 and 1967.

Thompson，Francis. "Lettres de Stubbe à Hobbes." *Archives de Philosophie* 12（1936），pp. 99—106.

Tönnies，Ferdinand. " Contributionsà l' Histoire de la Pensée de Hobbes," *Archives de Philosophie* 12（1936），pp. 81—89.

——. "Hobbes-Analekten I" and "Hobbes-Analekten II." *Archiv für die Geschichte der Philosophie* 17（1903—1904），pp. 291—317，and 19（1905—1906），pp. 153—175.

——. "Siebzehn Briefe des Thomas Hobbes an Samuel Sorbiere." *Archiv für die Geschichte der Philosophie* 3（1890），pp. 192—232.

其他一手资料

Bacon，Francis. *The Advancement of Learning*，Arthur Johnston，ed. Oxford：Clarendon Press，1974.

Blundeville，Thomas. "The True Order and Methode of Wryting and Reading Hystories," Hugh G. Dick，ed. *Huntington Library Quarterly* 3（1940），pp. 149—170.

Cavendish，William. "Essays Addressed to His Fater,"in Friedrich O. Wolf，*Die Neue Wissenschaft des Thomas Hobbes*. Stuttgart-Bad Canstatt：Friedrich Frommann，1969.

Descartes，René. *The Essential Writings*，John J. Blom，ed. New York：Harper and Row，1977.

Erasmus，Desiderius. *Desiderius Erasmus Concerning the Aim and Method of Education*，W. H. Woodward，ed. Cambridge：Cambridge University Press，1904.

——. *The Praise of Folly*. New Haven：Yale University Press，1979.

[Great Britain]Historical Manuscripts Commission. *Twelfth Report*，*Appendix*，*Part Two*：*The Manuscripts of the Earl Cowper*，*K. G.*，保存在德比郡的墨尔本大厅。London：Her Majesty's Stationery Office，1888.

Hale，Sir Matthew. *Reflections by the Lrd. Cheife Justice Hale on*

Mr. Hobbes, His Dialogue of the Lawe, in W. S. Holdsworth, *A History of English law*, vol. 5. London: Methuen, 1924.

"Hobbes: Translations of Italian Letters." Hobbes Manuscripts in the Chatsworth Collection of the Duke of Devonshire, E. 6.

Horae Subsecivae: Observations and Discourses. London: Edward Blount, 1620.

Quintilian. *Institutio Oratoria*, 4 vols., H. E. Butler, trans. Cambridge, Mass. : Harvard University Press, 1953.

Sidney, Sir Philip. *A Defense of Poetry*, J. A. Van Dorsten, ed. Oxford: Oxford University Press, 1966.

二手文献

霍布斯的批判研究

Ashcraft, Richard. "Ideology and Class in Hobbes' Political Theory." *Political Theory* 6 (1978), pp. 27—62.

Ball, Terence. "Hobbes' Linguistic Turn." *Polity* 17 (1985), pp. 739—760.

Brandt, Frithiof. *Thomas Hobbes' Mechanical Conception of Nature*. Copenhagen: Levin and Munksgaard, 1928.

Eisenach, Eldon J. "Hobbes on Church, State, and Religion." *History of Political Thought* 3 (1982), pp. 215—243.

——. *Two Worlds of Liberalism: Religion and Politics in Hobbes, Locke, and Mill*. Chicago and London: University of Chicago Press, 1981.

Gauthier, David P. *The Logic of Leviathan*. Oxford: Clarendon Press, 1969.

Gert, Bernard. "Introduction" to Thomas Hobbes, *Man and Citizen*, Bernard Gert, ed. Garden City, New York: Doubleday, 1972.

Goldsmith, M. M. *Hobbes's Science of Politics*. New York and London: Columbia University Press, 1966.

Hamilton, James Jay. "Hobbes's Study and the Hardwick Library." *Journal of the History of Philosophy* 16 (1978), pp. 445—453.

Hood, F. C. *The Divine Politics of Thomas Hobbes*. Oxford: Clarendon Press, 1964.

Hungerland, Isabel C. and George R. Vick. "'Hobbes's Theory of Signification." *Journal of the History of Philosophy* 11 (1973), pp. 459—482.

Johnson, Paul J. "Hobbes's Anglican Doctrine of Salvation," in *Thomas Hobbes in His Time*, Ralph Ross, Herbert W. Schneider, and Theodore Waldman, eds. Minneapolis: University of Minnesota Press, 1974, pp. 102—125.

Kemp,John. "Hobbes on Pity and Chaity," in *Thomas Hobbes: His View of Man*. J. G. van der Bend, ed. Amsterdam: Rodopi, 1982, pp. 57—62.

Krook, Dorothea. "Thomas Hobbes's Doctrine of Meaning and Truth." *Philosophy* 31 (1956), pp. 3—22.

McNeilly, F. S. *The Anatomy of Leviathan*. London: Macmillan,1968.

Macpherson, Crawford B. *The Political Theory of Possessive Individualism: Hobbes to Locke*. Oxford: Clarendon Press, 1962.

Mintz, Samuel I. *The Hunting of Leviathan*. Cambridge: Cambridge University Press, 1962.

Oakeshott, Michael. *Hobbes on Civil Association*. Berkeley and Los Angeles: University of California Press, 1975.

Ong, Walter J. "Hobbes and Talon's Ramist Rhetoric in English." *Transactions of the Cambridge* [England]*Bibliographical Society* 1, pt. 3 (1951), pp. 260—269.

Peters, Richard. *Hobbes*. Harmondsworth, Middlesex: Penguin, 1967.

Pitkin, Hanna F. *The Concept of Representation*. Berkeley: University of California Press, 1967.

Pocock, John G. A. "Time, History, and Eschatology in the Thought of Thomas Hobbes," in *Politics, Language, and Time*. New York: Atheneum, 1973, pp. 148—201.

Polin, Raymond. *Hobbes, Dieu, et les hommes*. Paris: Presses Universitaires de France, 1981.

——. *Politique et Philosophie chez Thomas Hobbes*. Paris: Presses Universitaires de France, 1953.

Raphael, David D. *Hobbes*. London: Allen and Unwin, 1977.

Reik, Miriam M. *The Golden Lands of Thomas Hobbes*. Detroit: Wayne State University Press, 1977.

Riedel, Manfred. *Metaphysik und Metapolitik*. Frankfurt: Suhrkamp, 1975.

Robertson, George Croom. *Hobbes*. Edinburgh and London: William Blackwood and Sons, 1910.

Ryan, Alan. "Hobbes, Toleration, and the Inner Life," in *The Nature of Political Theory*, David Miller and Larry Siedentop, eds. Oxford: Clarendon Press, 1983, pp. 197—218.

Sacksteder, William. "Hobbes: Philosophical and Rhetorical Artifice". *Philosophy and Rhetoric* 17 (1984), pp. 30—46.

Saxonhouse, Arlene W. "Hobbes and the *Horae Subsecivae*," *Polity* 13 (1981), pp. 541—567.

Schwartz, Joel. "Hobbes and the Two Kingdoms of God." *Polity* 18 (1985), pp. 7—24.

Sherlock, Richard. "The Theology of *Leviathan*: Hobbes on Religion". *Interpretation* 10 (1982), pp. 43—60.

Skinner, Quentin. "Conquest and Consent: Thomas Hobbes and the Engagement Controversy," in *The Interregnum*, G. E. Aylmer, ed. London: Macmillan, 1972, pp. 79—98.

Springborg, Patricia. "*Leviathan* and the Problem of Ecclesiastical Authority." *Political Theory* 3 (1975), pp. 289—303.

Strauss, Leo. "On the Basis of Hobbes's Political Philosophy," in *What Is Political Philosophy*, Glencoe, Illinois: The Free Press, 1959, pp. 170—196.

——. *The Political Philosophy of Hobbes*. Chicago: University of Chicago Press, 1952.

Tarlton, Charles D. "The Creation and Maintenance of Government: A Neglected Dimension of Hobbes's *Leviathan*." *Political Studies* 26 (1978), pp. 307—327.

Tuck, Richard. *Natural Rights Theories: Their Origin and Development*. Cambridge: Cambridge University Press, 1979.

Warrender, Howard. *The Political Philosophy of Hobbes: His Theory of Obligation*. Oxford: Clarendon Press, 1957.

Watkins, J. W. N. *Hobbes's System of Ideas*, 2nd ed. London: Hutchinson, 1973.

Whelan, Frederick G. "Language and Its Abuses in Hobbes' Political Philosophy." *American Political Science Review* 75 (1981), pp. 59—75.

Wolf, Friedrich O. *Die Neue Wissenschaft des Thomas Hobbes*. Stuttgart-Bad Canstatt: Friedrich Frommann, 1969.

Wolin, Sheldon. *Hobbes and the Epic Tradition of Political Theory*. Los Angeles: Clark Memorial Library, 1970.

——. *Politics and Vision*. Boston: Little, Brown, 1960.

其他二手文献

Aurner, Nellie S. *Caxton: Mirrour of Fifteenth-Century Letters*. London: P. Allan, 1926.

Bennett, H. S. *English Books and Readers: 1475 to 1557*, 2nd ed. Cambridge: Cambridge University Press, 1969.

Boas, Marie. *The Scientific Renaissance, 1450—1630*. New York: Harper and Row, 1962.

Bundy, Murray Wright. "The Theory of Imagination in Classical and Medieval Thought," *University of Illinois Studies in Language and Literature* 12, nos. 2—3 (1927).

Eisenstein, Elizabeth L. *The Printing Press as an Agent of Change*, 2 vols. Cambridge: Cambridge University Press, 1979.

Frank, Joseph. *The Beginnings of the English Newspaper*, *1620— 1660*. Cambridge, Mass. : Harvard University Press, 1961.

Haller, William. *The Rise of Puritanism*. New York: Columbia University Press, 1938.

Howell, Wilbur S. *Logic and Rhetoric in England*, *1500—1700*. New York: Russell and Russell, 1961.

Knappen, M. M. *Tudor Puritanism*. Chicago: University of Chicago Press, 1939.

Ong, Walter J. *Ramus*, *Method*, *and the Decay of Dialogue*. Cambridge, Mass. : Harvard University Press, 1958.

Pollard, A. W. and G. R. Redgrave, eds. *A Short-Title Catalogue of Books Printed in England*, *Scotland*, *and Ireland and of English Books Printed Abroad*, 1475—1640. London: The Bibliographical Society, 1946.

Schaaber, Matthias A. *Some Forerunners of the Newspaper in England*, *1476—1622*. Philadelphia: University of Pennsylvania Press, 1929.

Skinner, Quentin. *The Foundations of Modern Political Thought*, 2 vols. Cambridge: Cambridge University Press, 1978.

Stone, Lawrence. "The Educational Revolution in England, 1560— 1640." *Past and Present* 28 (1964), pp. 41—80.

Thomas, Keith. *Religion and the Decline of Magic*. Harmondsworth, Middlesex: Penguin, 1973.

Trimpi, Wesley. "The Ancient Hypothesis of Fiction: An Essay the Origins of Literary Theory. " *Traditio* 27. New York: Fordham University Press, 1971.

——. "The Quality of Fiction: The Rhetorical Transmission of Literary Theory. " *Traditio* 30. New York: Fordham University Press, 1974.

Yates, Frances A. *Giordano Bruno and the Hermetic Tradition*. London: Routledge and Kegan Paul, 1964.

图书在版编目(CIP)数据

《利维坦》的修辞:霍布斯与文化转型的政治学/
(加)戴维·约翰斯顿著;李钊译. --上海:华东师
范大学出版社,2023

ISBN 978-7-5760-4331-0

Ⅰ.①利…　Ⅱ.①戴…②李…　Ⅲ.①国家理论—研
究　Ⅳ.①D03

中国国家版本馆 CIP 数据核字(2023)第 231283 号

华东师范大学出版社六点分社

企划人　倪为国

本书著作权、版式和装帧设计受世界版权公约和中华人民共和国著作权法保护

《利维坦》的修辞:霍布斯与文化转型的政治学

著　　者　[加]戴维·约翰斯顿
译　　者　李　钊
责任编辑　彭文曼
责任校对　古　冈
封面设计　刘怡霖

出版发行　华东师范大学出版社
社　　址　上海市中山北路 3663 号　邮编　200062
网　　址　www.ecnupress.com.cn
电　　话　021-60821666　行政传真　021-62572105
客服电话　021-62865537　门市(邮购)电话　021-62869887
地　　址　上海市中山北路 3663 号华东师范大学校内先锋路口
网　　店　http://hdsdcbs.tmall.com

印　刷　者　上海景条印刷有限公司
开　　本　890×1240　1/32
印　　张　6.75
字　　数　140 千字
版　　次　2024 年 1 月第 1 版
印　　次　2024 年 1 月第 1 次
书　　号　ISBN 978-7-5760-4331-0
定　　价　68.00 元

出　版　人　王　焰

(如发现本版图书有印订质量问题,请寄回本社客服中心调换或电话 021-62865537 联系)

上海市版权局著作权合同登记　图字:09‑2017‑861 号